MW01228675

¡Encuentra empleo YA!

¡Encuentra empleo YA!

Jorge Muniain

PAIDÓS EMPRESA

© 2020, Ediciones Culturales Paidós, S.A. de C.V.
Bajo el sello editorial PAIDÓS M.R.
Avenida Presidente Masarik núm. 111,
Piso 2, Polanco V Sección, Miguel Hidalgo
C.P. 11560, Ciudad de México
www.planetadelibros.com.mx
www.paidos.com.mx

Primera edición en formato epub: septiembre de 2020
ISBN: 978-607-747-981-9

Primera edición impresa en México: septiembre de 2020
ISBN: 978-607-747-983-3

Impreso en los talleres de Litográfica Ingramex, S.A. de C.V.
Centeno núm. 162-1, colonia Granjas Esmeralda, Ciudad de México
Impreso y hecho en México — *Printed and made in Mexico*

Para Fernanda Sanroman, el amor de mi vida.

*Para Alejandra Flores, te vamos
a extrañar siempre.*

*Para todo el equipo de Montgomery
Duncan Executive Search, especialmente
a mis socios Juan Pablo y Ximena.*

*Y para la Academia Mundial de
Empleabilidad y Bolsas de Trabajo (World
Employability Academy). Gracias por
ayudar a tanta gente a encontrar empleo.*

Para Lorc, David y Chipo.

Índice

Presentación
DEL LIBRO

Cuando este libro salga a la luz, probablemente estaremos viviendo en un mundo de crisis. *¡Encuentra empleo YA!* es resultado de mis años como desempleado y como reclutador; también es una caja de herramientas adaptada a este nuevo mundo, las nuevas tecnologías y los nuevos métodos de búsqueda de empleo.

Durante el año 2020 México, al igual que muchos países (por no decir todos), enfrentó una pandemia que llegó para transformar al mundo por completo. La manera en que los candidatos van a buscar empleo, y la forma en que los reclutadores van a buscar a los candidatos, cambiará radicalmente. Estoy seguro de que esto beneficiará a ambas partes, pero también estoy seguro de que, a pesar de los cambios, las herramientas que te ofrezco en estas páginas te serán útiles para siempre.

A través de distintas herramientas y recursos te ayudaré a buscar el empleo ideal para ti y, sobre todo, en el lugar que te apasiona. Para este nuevo mundo postCOVID-19, todos los candidatos deberán capacitarse, tanto con lecturas como esta, como visitando sitios de empleo en internet y tomando talleres especializados en búsqueda de empleo.

En este momento crítico, en el que el desempleo se ha disparado de manera exponencial, aprovecha tu tiempo para repensar el camino de tu vida, alcanzar tus sueños y hacer lo que más amas.

Prólogo

Hoy tú estás desempleado.
Mañana será tu hermana, después
tu primo y luego una amiga.

Ninguna persona está exenta de perder su empleo. Todos estuvimos, estamos o estaremos desempleados. Nadie se salva del desempleo. Es algo completamente normal durante la vida laboral de cualquier persona. El desempleo puede deberse a un sinnúmero de causas, ya sean económicas, emocionales y hasta psicológicas; entre ellas la crisis, la inflación, las devaluaciones, las renuncias voluntarias o involuntarias, los despidos, las liquidaciones, las fusiones, las quiebras, las pandemias, etcétera. Por ello, siempre, siempre, siempre, en algún momento de la vida, tú o alguien que conoces o llegues a conocer se encontrará (desesperado) buscando trabajo.

Pocas cosas generan tanto miedo como el desempleo. En cuanto perdemos nuestro trabajo, es común que empecemos a pensar que hemos fracasado en la vida. Ese sentimiento de fracaso viene acompañado, muchas veces, de estrés, ansiedad y angustia. Me atrevería a decir que perder el trabajo puede dar tanto miedo como esperar un diagnóstico médico.

El desempleo aparece como una gran ola que nos revuelca con deudas por pagar, colegiaturas pendientes, pago de la renta o hipoteca y pensiones. Y, mientras estamos ahí, sentimos que nunca saldremos al aire de nuevo. Pero estás aquí leyendo esto, así que seguro ¡saldrás pronto!

Quizá compraste este libro porque ya tienes muchos meses sin trabajo y ya no sabes qué hacer, o quizá tienes poco tiempo buscándolo. Cualquiera que sea tu caso, estoy COMPLETAMENTE seguro, y además te GARANTIZO que, si sigues al pie de la letra las recomendaciones comprobadas que aparecen en este texto, podrás ¡encontrar empleo YA! Más de 100 000 personas han encontrado empleo en poco tiempo utilizando los consejos que se brindan en este libro.

Cuando una persona como tú pierde su empleo, es común que crea que la solución a su problema es buscar otro de inmediato. Creer esto es un error por demás común.

Una búsqueda desorganizada puede causar un período largo de desempleo. Además, el tiempo en que llegues a permanecer desempleado puede provocar que tu actitud, tu carácter y tu autoestima (que, por lo general, tienden a disminuir) te provoquen crisis, desesperación y frustración, todo lo cual podría llevarte a aceptar cualquier trabajo, incluso uno que solo te asegure un ingreso, aunque dicho trabajo tarde o temprano te lleve al desempleo.

Antes de continuar con tu búsqueda, conocerás y aprenderás con este libro la información más actual y eficaz que existe en México para encontrar empleo ya.

Una vez que leas este libro y apliques las estrategias que hay en él, verás cómo se irán cumpliendo tres maravillosos objetivos:

1) Sabrás perfectamente lo que quieres y lo que buscas.

2) Entenderás que buscar empleo debe ser una actividad divertida, y que es una gran oportunidad de direccionar tu vida.

3) Te mantendrás motivado(a) y encontrarás empleo en muy poco tiempo.

NOTA: TODAS LAS PALABRAS QUE TENGAN ASTERISCO ESTÁN DEFINIDAS EN EL DICCIONARIO DEL DESEMPLEO AL FINAL DE ESTE LIBRO, CONSÚLTALAS.

Estar desempleado es la excusa perfecta para cambiar el rumbo de tu vida.

Introducción

--- --- --- --- --- --- --- --- --- --- --- --- --- --- --- --- --- ---

Andrés se levanta enojado y confundido, como le sucede todas las mañanas desde cinco semanas atrás, cuando se resignó a que no encontraría un nuevo empleo. Lo tortura saber que es un hombre desempleado* y, si bien sabe que la única forma de encontrar trabajo es buscándolo, no ha tenido ganas de hacerlo; en cambio, ha dedicado su tiempo a actividades que había pospuesto por años, como colgar cuadros y arreglar cajones.

Durante 15 años Andrés trabajó en una de las más prestigiosas cadenas de muebles de la Ciudad de México, primero como maestro carpintero y, durante los últimos cuatro años, como jefe de carpintería. Hacía ya más de seis meses que lo habían despedido. Era un día completamente normal cuando, sin deberla ni temerla, su jefe lo llamó a su oficina. Le explicó que la fábrica estaba en números rojos, que tenían que recortar gastos, que recogiera su liquidación* lo antes posible y que «así es la vida».

Los despidos duelen principalmente porque toman por sorpresa. Y duele también regresar a casa y contárselo a las personas cercanas. Además, la incertidumbre, ese no-saber-qué-va-a-pasar, genera mucho miedo. Después de muchos años trabajando en un mismo lugar, este se vuelve parte de tus días. Andrés no sabía cómo reconstruir su vida ahora que la fábrica ya no formaba parte de su rutina, y no dejaba de preguntarse qué había hecho mal y por qué eso le había pasado precisamente a él.

Marta, la mamá de Andrés, le contó a una de sus hermanas que veía a su hijo deprimido. Y parecía estarlo, pues llevaba más de 187 días (sí, sí los estaba contando) intentando no solo buscar un nuevo trabajo, sino entender por qué había perdido el que tenía. Una tarde, paseando por una de las calles cercanas a su casa, encontró un letrero que decía que se buscaba un carpintero. Llamó al número y llenó la solicitud de trabajo que le enviaron por correo electrónico, pero nunca se comunicaron con él. La búsqueda se volvía cada vez más tediosa y parecía cada vez más imposible.

A Jaime, uno de sus amigos, le contó que ya casi se había acabado sus ahorros y que no encontraba trabajo por ningún lado. Jaime le ofreció su coche para usarlo como Uber. La propuesta era tentadora; sin embargo, Andrés estaba seguro de que lo suyo era la carpintería. Apenas unos días atrás había hecho 16 sillas, y eso le recordó lo feliz que se sentía construyendo algo. Así que se zafó explicando que tenía dolores de espalda y que estar todo el día manejando probablemente no le haría bien.

*El secreto para cambiar tu vida
es enfocar toda tu energía
no en luchar con el pasado, sino
en construir el futuro.*

Jim Carrey

Cómo enfrentar el desempleo en México

México es un país muy grande y no hay empleo para todos. Esta es la realidad. Grandes urbes como la Ciudad de México sufrirán de desempleo siempre, porque aun con todas sus cosas buenas no hay suficiente capacidad productiva. Somos tantos mexicanos concentrados en tan poco espacio que no hay forma de acabar o vencer el desempleo. Es prácticamente imposible que todos los que quieren un puesto de trabajo lo puedan conseguir de inmediato.

Esto NO quiere decir de ninguna manera que no haya empleos. Lo que quiere decir es que siempre habrá muchas personas desempleadas. Es obvio que entre más personas desempleadas haya, más difícil será encontrar empleo y más tiempo tomará conseguirlo.

- Solo quienes sepan cómo enfrentar el desempleo y cómo manejarlo en términos psicológicos y emocionales, encontrarán un nuevo empleo en poco tiempo.

- Solo quienes se preocupen y busquen capacitación y apoyo, crecerán.

- Solo quienes sepan dónde y cómo buscar un trabajo, lograrán tener éxito rápidamente.

- Solo quienes sepan cómo hacer un currículum o llenar una solicitud correctamente, llegarán a una entrevista.

- Por último, solo quienes sepan qué hacer, qué decir y cómo conquistar a los reclutadores durante una entrevista, se quedarán con el empleo, el puesto, el trabajo o la chamba... Los demás continuarán con su búsqueda hasta quién sabe cuándo.

Algunas cifras de empleo y desempleo en México

Las malas noticias:

- En los últimos seis sexenios, en promedio, 450 000 personas perdieron su empleo. Los años 2020 y 2021 serán complicados en términos económicos, en especial por la baja del petróleo, la lenta inversión, el avance de la tecnología y, por supuesto, las secuelas de la pandemia de COVID-19. El resultado será que en los próximos dos años más de 12 millones perderán su empleo.

- Cada vez que termina el período escolar, salen a buscar empleo más de 250 000 jóvenes y estudiantes en todo el país. Los conocidos como *ninis*, que ni estudian ni trabajan.

- En promedio, alrededor de 2 350 empresas cierran sus puertas anualmente.

Las buenas noticias:

- Todo gobierno tiene como prioridad en su agenda política crear empleos.

- Según cifras del SAT, la SHCP y el INEGI, nacen por lo menos cuarenta nuevas empresas cada día. Más ahora que las generaciones emprendedoras y creativas aprovechan la tecnología para constituir rápidamente sus empresas.

- Las empresas en México tienen altos índices de rotación, desde 30% hasta 300% cada año. Esto significa que siempre están contratando y reemplazando al personal, lo cual es producto de la falta de desarrollo, capacitación y planes de carrera.

- Industrias como la farmacéutica y la de telecomunicaciones, especialmente empresas de telefonía, internet, televisión, *streaming*, logística y distribución han tenido un crecimiento de más de dos dígitos.

- Cuando las empresas liquidan grandes cantidades de empleados por problemas económicos, como el COVID-19, meses después necesitarán hacer varias contrataciones. Los despidos permiten aprovechar y reemplazar al personal no productivo y bajar costos. Sin embargo, tiempo después empezarán con reclutamientos masivos. ¡Solo hay que saber cómo y dónde buscar!

Con todo y las buenas noticias, la única manera de enfrentar el desempleo es teniendo cinco actitudes fundamentales:

1) Esfuerzo

2) Pasión*

3) Motivación

4) Compromiso

5) Constancia y disciplina

Sin estas cinco actitudes, no es posible encontrar rápidamente un empleo.

Si crees que la aventura es peligrosa,
prueba la rutina, es mortal.

Paulo Coelho

Consuelo en tiempos de tristeza

Ana era directora de una escuela. Llevaba tantos años trabajando en el mismo lugar que creció profesional y personalmente ahí. La escuela tuvo que cerrar por algún problema con los inversionistas. Y a Ana no le quedó más remedio que regresar a casa cargando todas sus cosas. Después de algunas semanas, extrañaba la escuela y el camino a ella, y sobre todo echaba de menos a sus alumnos.

Sin embargo, aun con más de doscientos días de desempleo, Ana se mantenía optimista: estaba convencida de que pronto encontraría trabajo. Además, quizá producto de su intensa búsqueda, ya había conseguido algunas entrevistas.

En un sueño, Ana se vio a sí misma llorando junto a un río en el que el agua corría. El movimiento despiadado del agua no le permitía escuchar su propio llanto, así que cada vez lloraba más fuerte. De pronto, entre la niebla, apareció una amiga de la infancia. No se acordaba de ella, ni siquiera de su nombre.

La mujer le preguntó: «¿Qué te pasa, Ana?».

A lo que Ana contestó: «He perdido algo y me siento muy triste!».

La mujer le volvió a preguntar: «¿Qué perdiste realmente? ¿Qué te hace estar tan triste?».

Ana se quedó pensando, pero no contestó nada.

Después despertó y el sueño la persiguió por varias semanas. La obligaba a pensar en dos cosas: primero, sobre aquello que había perdido y no había sido capaz de nombrar, es decir, su estabilidad; y, segundo, sobre su infancia y cómo había cambiado tanto desde entonces.

CUANDO UNA PERSONA PIERDE SU EMPLEO, LA TRISTEZA NO SURGE POR HABERLO PERDIDO, SINO POR HABER SUFRIDO UN CAMBIO. LA PÉRDIDA DE EMPLEO ES UN CAMBIO QUE NOS MUEVE DE NUESTRA ZONA DE CONFORT.* ESTAR FUERA DEL LUGAR AL QUE ESTÁBAMOS ACOSTUMBRADOS

NOS CONFUNDE, Y ESO NOS HACE CREER QUE ESTAMOS TRISTES. SIN EMBARGO, LA REALIDAD ES QUE LA TRISTEZA SE DEBE A QUE NO SABEMOS QUÉ HACER, HACIA DÓNDE IR NI CÓMO ACTUAR.

ES IMPORTANTE IDENTIFICAR TUS EMOCIONES, SER HONESTO(A) CONTIGO MISMO(A) Y MANTENERTE EN COMUNICACIÓN CON LOS DEMÁS. COMPARTE TUS SENTIMIENTOS PARA QUE NO AFECTEN TU BÚSQUEDA Y PARA QUE OTROS TE AYUDEN A SOLUCIONAR TUS PROBLEMAS.

La suerte para triunfar en la vida
se llama creer en ti.

Mark Zuckerberg

EL DESEMPLEO: ¿CRISIS U OPORTUNIDAD?

Un período de desempleo puede cambiar positivamente la vida de cualquier persona.

Richard Nelson Bolles

Autor de *¿De qué color es tu paracaídas?*, *bestseller* sobre búsqueda de empleo

Es realmente importante entender que cuando perdemos nuestro empleo, más que encontrarnos en un problema o una situación difícil, tenemos frente a nosotros una gran oportunidad. Por supuesto, es completamente normal no verlo así al principio, también es normal que tengamos sentimientos de tristeza y confusión o que suframos una crisis.* Pero a medida que avances en la lectura de este libro, entenderás por qué considero que buscar un nuevo trabajo es una gran oportunidad. Aprenderás técnicas y herramientas para descubrir las mejores ofertas de empleo para ti y, sin duda, en algún momento lograrás que una de ellas se haga realidad.

Una vez que utilices estos consejos, técnicas y herramientas que acelerarán tu contratación, podrás visualizar con mayor claridad todas las oportunidades del mercado laboral en México, y encontrarás las mejores opciones de empleo. Este libro no solo te ayudará a detectar lo que has hecho mal, sino a empezar de nuevo tu búsqueda de empleo de forma proactiva,* profesional y mucho más productiva, y sobre todo, de una manera más divertida y motivadora.

Estar desempleado es una oportunidad real y verdadera.

Observa lo que podría esperarte:

- Un sueldo más alto.

- Una mejor empresa, en la que te será más fácil construir un futuro.

- Más o mejores prestaciones.

- Un lugar de trabajo que te permita estar más cerca de tu familia.

- Menos horas de trabajo y más horas de satisfacción personal.

- Actividades nuevas o más interesantes.

- Nuevas amistades.

- Crecimiento, capacitación y aprendizaje en México o fuera del país.

- Mayor estabilidad.

- Hacer por fin lo que más te gusta, entre otras muchas cosas.

¿Sabías que en griego la palabra *crisis* quiere decir *oportunidad*?

Si no tienes tu objetivo totalmente claro,
mi pregunta es: ¿cómo vas a lograrlo?

Barack Obama

Valor en tiempos de miedo

-- -- -- -- -- -- -- -- -- -- -- -- -- -- -- --

Desde niño Darío supo que quería ser periodista. Estudió Comunicación, y cuando tenía apenas 18 años, logró entrar a un diario de alcance nacional. Al principio se encargaba de llevar café y galletas a sus jefes, pero eso le permitió descubrir la industria y apasionarse. En 21 años pasó por toda la pirámide, primero como asistente, luego escribiendo una nota al mes, y, finalmente, publicando cada semana.

Los avances tecnológicos han provocado la desaparición de muchos periódicos y revistas que no migraron al mundo digital. Entre ellos, el periódico para el que trabajaba Darío. Así, un día, sin más explicación, prácticamente todos quedaron desempleados.

Las primeras semanas de desempleo le hicieron muy bien; ser periodista era muy demandante y a veces se la pasaba escribiendo hasta altas horas de la noche. Pero después de varios meses de buscar trabajo, la felicidad se esfumó.

Consiguió una entrevista en un periódico digital, pero los pagos eran bajísimos, las condiciones malas, y los temas de los que podía escribir estaban limitados. Se sintió frustrado y enojado con el mundo y con la vida.

Esa noche soñó que estaba solo en un camino oscuro y terregoso, y sostenía una gran espada en sus manos. Presentía la cercanía de algún tipo de peligro, pero la espada le ayudaba a que su miedo no lo hiciera huir desbocado. Se aferró a su arma, que le daba gran protección. Sin embargo, de tanto esfuerzo que hacía al apretar las palmas contra el mango de piel, las manos le empezaron a hormiguear.

Escuchó un estruendo. Se distrajo y la espada se le cayó y desapareció como solo puede desaparecer en un sueño. Al saberse sin espada, se sintió completamente vulnerable. Mientras avanzaba por el camino, su miedo no hacía más que aumentar. Entonces prefirió sucumbir ante él.

Darío sabía que el peligro se avecinaba y que estaba cada vez más cerca. Sin embargo, empezó a sentir algo muy extraño. Se dio cuenta de que mientras más miedo tenía, más dificultades se le presentaban en el trayecto. Mientras más dudaba de conseguir el éxito en su viaje, más difícil y pedregoso se tornaba el camino. Pero cuando comenzó a deshacerse del miedo, empezó a ver la luz a lo lejos. Mientras disminuía la aprensión que sentía por lo que se avecinaba, más se enfocaba en el horizonte y todo se volvía más claro.

> ¡QUE EL MIEDO NO TE PARALICE! ESTÁS ENTRANDO EN TERRENOS DESCONOCIDOS Y ESO GENERA INCERTIDUMBRE. SIN EMBARGO, SI NO LO INTENTAS, NO LO LOGRARÁS. NUNCA DUDES DE TU ÉXITO Y NUNCA DEJES DE LUCHAR Y PENSAR POSITIVAMENTE.

LA TRANSICIÓN PROFESIONAL

El principal problema de una persona desempleada no es haber perdido su empleo o dejar de percibir un salario, sino el miedo a la incertidumbre. El mayor temor es no saber qué queremos, qué buscamos, qué sucederá en el futuro inmediato, qué puesto solicitaremos cuando surja una oportunidad de trabajo, en qué empresa ocurrirá esto, cuál es la razón de

VALOR EN TIEMPOS DE MIEDO

estar desempleado, etcétera. La incertidumbre es el verdadero problema. Tal como Darío se sentía seguro con la espada y al perderla lo invadió el miedo, así nos sentimos todos cuando no cuidamos y valoramos nuestro trabajo. Cuando perdemos un empleo, no sabemos qué hacer, hacia dónde ir y con qué defendernos. Creemos, por decirlo de algún modo, que la espada nos da fuerza, pero la fuerza está en nosotros, no en el metal.

La mayoría de las personas se la pasa de empleo en empleo toda la vida, y llega a morir sin saber qué buscaba realmente.

Después de la pérdida de un trabajo, no es fácil saber qué hacer para ganarse la vida o qué puesto buscar. Cuando se pierde la espada, uno se pierde con ella y queda sumido en la confusión.

Este es el problema real: la indecisión, no saber qué buscar o qué sucederá ahora y en el futuro. Eso es lo que nos llena de miedo.*

Si tú sabes perfectamente lo que buscas, ¡felicidades!, ya solucionaste 90% de tu situación de desempleo.

Pero si no sabes bien qué buscar, si quieres cambiar de giro pero no sabes a cuál migrar, o si quieres probar áreas nuevas (entre otros motivos), lo primero que debes hacer es contestar estás DIFÍCILES preguntas:

¿EN QUÉ TIPO DE EMPRESA O SECTOR TE GUSTARÍA TRABAJAR?

_____

¿CUÁL ES EL EMPLEO QUE MÁS DESEARÍAS TENER Y POR QUÉ?

_____

_____

_____

¿QUÉ HABILIDADES TIENES QUE PUEDEN SER ÚTILES PARA ESE PUESTO?

_____

_____

_____

_____

¿QUÉ HABILIDADES TENDRÍAS QUE DESARROLLAR PARA CONSEGUIR ESE TRABAJO?

_____

_____

_____

_____

_____

¿CUÁNTO QUISIERAS GANAR EN TU PRÓXIMO TRABAJO?

_____

¿QUÉ PRESTACIONES TE GUSTARÍA TENER?

_____

_____

_____

¿CUÁL SERÍA TU HORARIO LABORAL IDEAL?

_____

¿EN QUÉ ZONA DE LA CIUDAD QUISIERAS TRABAJAR?

_____

¿PODRÍAS TENER GENTE A TU CARGO?

_____

Solo hasta que definas con claridad tus respuestas y tengas una meta clara, podrás dar el siguiente paso, que es buscar empleo, y lo podrás hacer con la certeza de que tienes una gran oportunidad frente a ti y que estar sin empleo es más que bueno, porque es un reto por el que puedes mejorar cuando lo hayas superado.

A partir de hoy, buscarás tu nuevo empleo de forma eficaz. Sí, tu nuevo empleo. Todas las cosas nuevas son agradables y emocionantes, y tener un nuevo empleo también lo es.

Tú, al igual que miles de personas, superarás esta prueba, y cuando voltees hacia atrás, hasta te reirás al recordar todo lo que viviste. Pero además de reír, comprenderás que la búsqueda fue una oportunidad que cambió tu vida positivamente.

Buscar empleo es un trabajo por sí mismo y, como tal, requiere muchas horas diarias de dedicación. Cuanto MÁS y MEJOR trabajes, más rápido lograrás tu meta.

Si realmente estás dispuesto(a) a dedicar más de un par de horas al día a buscar empleo, te garantizo que encontrarás uno en menos de dos meses, tal vez en uno solo.

Si no estás dispuesto a hacerlo, te invito a cerrar este libro y prestárselo a algún amigo o amiga que en verdad tenga la intención de hacer lo que aquí se sugiere.

¿CÓMO ELABORAR UN PLAN DE TRABAJO?

Otra de las principales razones por las que las personas no encuentran empleo es que no buscan el tiempo suficiente.

La mayoría cree que con hacer un par de llamadas y buscar unos minutos cada día es suficiente, pero no es así.

En el siguiente cuadro podrás ver el tiempo que se necesita para encontrar empleo en un tiempo deseado o determinado:

Tiempo de búsqueda diaria		Éxito en:
Minutos	Horas	Meses
20		7 a 12
40		6 a 10
	1	5 a 9
	2	4 a 7
	3	3 a 6
	4	2 a 4
	Más	1 a 3

Figura 1. Tiempo requerido para encontrar empleo (en meses). El cálculo se realizó con los datos aportados por cincuenta personas que tomaron un curso que yo imparto para buscar empleo, y que mantuvieron contacto conmigo hasta el día en que encontraron una colocación. Una vez que encontraron empleo, las reuní para recabar información relacionada con su desempleo. Fuente: Amebot.

El resultado de la dedicación es lógico, por ello no cabe duda de que quien emplee más horas en buscar empleo menor tiempo estará desempleado(a). Quien crea que tendrá un golpe de suerte podría estar en lo cierto, pero lo más probable es que demore muchos meses en encontrar trabajo.

¿Cuántas horas debes dedicar a buscar empleo?

Como ya viste en el cuadro anterior, encontrar empleo dependerá de cuánto tiempo inviertas en buscarlo (así como de tu ánimo y de tu situación financiera). Con todo, independientemente de que tengas o no dinero, mi recomendación es la siguiente: ¡pon manos a la obra ya! ¡No hay tiempo que perder! Un plan exitoso típico requiere cuatro horas de trabajo diario.

Siendo honestos, emplear más de seis horas diarias para buscar empleo puede resultar demasiado desgastante y casi imposible de cumplir; en cambio, dedicar a nuestra búsqueda menos de dos horas diarias podría ser muy arriesgado (quizá pasen muchos meses antes de encontrar un nuevo puesto de trabajo).

Plan de trabajo para encontrar empleo

El objetivo de un plan de trabajo es fijar una meta. Dicha meta requiere que te comprometas a realizar* una serie de actividades y tareas. La mejor manera de lograr tu meta, que es encontrar empleo, consiste en elaborar un plan que te ayude a establecer, avanzar y recordar determinadas actividades, lo cual te permitirá dar seguimiento a otras que quedarán pendientes o que postergarás para otro día.

Este libro contiene todas las actividades que debes llevar a cabo para encontrar empleo. Organiza, aplica y usa cada una de ellas y arma tu plan en dos categorías: tiempos y tareas.

Cualquiera que sea tu plan, debes elaborarlo detenidamente escribiendo las actividades que realizarás diariamente, tratando de abarcar las horas totales que te hayas fijado para llevarlo a cabo y manteniendo un registro de todo lo que hagas. En todos los capítulos hablaremos de esas actividades, técnicas y estrategias, que acomodarás en tu plan de trabajo, así como de la manera de utilizar mejor tu tiempo y las actividades que deberás realizar primero.

Si no trabajas por tus sueños,
alguien te contratará para que
trabajes por los suyos.

Steve Jobs

Dirección en tiempos de decisión

Claudia era subdirectora de operaciones en una empresa trasnacional. Llegar a ese puesto había sido un camino muy largo que incluía muchas noches sin dormir. Tener un puesto directivo en una empresa mundialmente reconocida y ser mamá al mismo tiempo había sido toda una aventura. Con el tiempo aprendió a dividir su horario y a darlo todo por sus hijos y por su empleo.

Su despido no se debió a fusiones, quiebras o reducciones de gastos, sino que cometió un error que puso a la empresa en riesgo. El director de la empresa le dijo que, aunque llevaba muchos años trabajando ahí, había errores inaceptables, y el suyo era uno de ellos. En el camino de regreso a casa, en un coche que había comprado a plazos, la invadió el miedo. Cuando llegó a casa, se metió a la cama con sus hijos y sus perros. Eso la consoló.

Esa noche soñó que estaba buscando algo. No sabía exactamente qué era, pero estaba segura de que era importante. Estaba perdida en un lugar que parecía un bosque. Era oscuro, húmedo, frío y totalmente cubierto por árboles. Parecía no haber salida. Escuchaba toda clase de ruidos extraños y había animales que aparecían y desaparecían constantemente. Claudia no sabía hacia dónde voltear, qué hacer o en dónde buscar.

De pronto escuchó el aleteo de un pájaro y, aunque no lo vio directamente, alcanzó a ver su sombra. Su canto parecía guiarla hacia un lugar cada vez más estrecho y lejano.

Claudia ignoraba si debía seguir caminando hacia el frente o si detenerse y dar marcha atrás para tomar otra dirección, pero en ese preciso momento algo a lo lejos llamó su atención. Se dirigió hacia ahí y, mientras más avanzaba, iba dejando los árboles atrás. Se quedó un largo tiempo viendo el atardecer. Entre más se perdía en sus colores, más tranquila se sentía.

LOS CAMBIOS NOS DAN MIEDO, SOBRE TODO, PORQUE NO SABEMOS QUÉ HACER. PERO EL PROPIO PASO DEL TIEMPO Y ESTAS HERRAMIENTAS,

COMO UNA BRÚJULA, TE AYUDARÁN A
IDENTIFICAR HACIA DÓNDE DIRIGIRTE.

RED DE CONTACTOS [1]

Crear una red de contactos* no tiene que
considerarse una actividad *hipersocial*,
forzada o un mal necesario para encontrar empleo. Hacer una *red de contactos* es una manera sencilla de investigar el mercado laboral a
través de las conversaciones que se tienen con
las demás personas. ¡Así de fácil!

Para los vendedores, por ejemplo, es indispensable la creación de una red de contactos:
asistir a ferias, exposiciones y congresos de
ventas en donde se relacionan con otros vendedores y muchas y muy diversas personas.
De esta manera, pueden conocer las distintas
técnicas y herramientas que otros vendedores utilizan y platicar sobre oportunidades de
ventas.

Hacer una red de contactos o *networking* para
buscar empleo es la estrategia más eficaz
que podemos llevar a cabo mientras estamos
desempleados. Es un proceso que involucra

---

1   Sección elaborada en colaboración con Jorge López Calvo.

conocer personas por medio de las cuales no solo podremos descubrir las diferentes posibilidades y alternativas de empleo que están a nuestro alcance, sino con quienes podremos compartir nuestras inquietudes y ambiciones profesionales.

Cuando estamos desempleados, es común que no nos relacionemos con nuevas personas porque nos da vergüenza que todos sepan que estamos desempleados. Sin embargo, no crear una red, y no convertirla en una prioridad dentro del plan de trabajo, es un grave error que solo aumentará el tiempo que pasemos desempleados.

Piensa que crear una red de contactos es una manera de abrirte más oportunidades dentro del ámbito laboral. Si buscas un empleo por tu cuenta, las únicas oportunidades que tendrás serán solo las que tú fuiste capaz de crear, pero si cuentas con la ayuda de más personas, tu probabilidad de conseguir empleo aumentará considerablemente. Acuérdate de alimentar tu red de contactos incluso cuando ya tengas un trabajo: el vínculo con distintas personas, el intercambio de experiencias y la participación activa te ayudarán a adquirir nuevos conocimientos y a destacar del resto.

Entre más grande sea tu red de contactos, más información, más gente y más pistas tendrás a tu favor. A continuación encontrarás unos ejemplos sobre cómo elaborar una red de contactos para buscar empleo.

¿En qué consiste una red de contactos?

Una red de contactos consiste en todas las personas con las que te pondrás en comunicación para que te proporcionen información certera que te ayude en tu búsqueda de empleo.

Tu red incluye a todos los que te conocen lo suficientemente bien para estar pendientes de las oportunidades que surjan y que pudieran ser interesantes para ti.

Debes mantenerte en contacto constante con estas personas para que te tengan presente y mantengan actualizada tu información personal y profesional. Estos son algunos de los contactos posibles:

- Parientes (todos, de tu familia directa e indirecta).

- Jefes anteriores.

- Compañeros y compañeras de trabajo.

- Vecinos y vecinas.

- Amigos y amigas de la universidad.

- La gente que conoce cada una de estas personas.

NOTA: HAZ UN ALTO EN TU LECTURA Y PIENSA POR UNOS MINUTOS A QUIÉNES NO LES HAS INFORMADO QUE ESTÁS BUSCANDO EMPLEO. VERÁS CÓMO TE HAS ENCERRADO EN UNA BURBUJA Y MUY POCA GENTE SABE DE TU SITUACIÓN. ROMPE AHORA MISMO ESA BURBUJA Y CONTÁCTALOS A TODOS, ¡YA!

Al final, tu red estará conformada por cualquier persona con la que puedas hablar.

¿Cómo puedo elaborar una red de contactos?

La elaboración de tu red puede ser tan formal o informal como tú mismo(a) decidas. Algunas personas escriben diariamente un contacto que obtuvieron, otras formulan preguntas para obtener información sobre las personas que pueden llegar a conocer en un ambiente informal (bien sea en una fiesta o en una boda), y si encuentran interesante la información recabada, suelen averiguar más sobre tales personas y preguntar si pueden ponerse en contacto con ellas posteriormente para obtener más información.

La red de contactos: una entrevista de información

Una entrevista de información es una cita relativamente formal, que tiene como propósito hacer preguntas más específicas para reunir datos sobre una empresa, un trabajo o alguien relacionado con lo que tú estás buscando; lo ideal es hacer estas entrevistas en el lugar de trabajo de la otra persona, ya que eso te permitirá conocer su entorno laboral y a sus compañeros.

¿Cómo prospectar una entrevista de información?

Lo primero es ubicar y determinar con quién puedes hablar. Tal vez una amiga tuya conoce a alguien de una empresa que a ti te resulta interesante. Ponte en contacto con esa persona y menciónale cómo has obtenido su nombre, lo que quieres saber de su trabajo y su empresa y pregúntale si puedes visitarlo(a). Estas entrevistas requieren y demandan que dispongas de tiempo, por eso es recomendable que vayas preparado(a) con preguntas específicas. Uno de los resultados más importantes en estas entrevistas es obtener más contactos con los que puedas conversar.

La entrevista de información es muy parecida a una entrevista de trabajo, y debes tomar en cuenta los siguientes puntos:

- Prepara muy bien la entrevista.

- Muéstrate profesional.

- Vístete *ad hoc*.

Recomendación importante: no solicites empleo a tus contactos, tu tarea se limitará a recabar información.

Organiza tu red de contactos

Elaborar una base de datos bien organizada es una parte muy importante para que toda la información recabada funcione bien.

De preferencia intenta que tu base de datos esté organizada en Excel y con la siguiente información:

- Nombre del contacto.

- Cargo en la empresa.

- Teléfono celular.

- Correo electrónico.

- Fecha del último contacto establecido.

Otros consejos para tu red de contactos

Nunca objetes la ubicación geográfica a la que tendrás que dirigirte para una entrevista, ni te muestres quisquilloso(a) con el tipo de contacto que obtengas. Recuerda que tu objetivo es que tu base de datos crezca. Ello permitirá que en algún momento la gente piense en ti y te pueda recomendar.

No subestimes a ningún contacto. Todos y cada uno de ellos saben algo que tú no sabes. Todos y cada uno conocen a alguien que tú no conoces.

Prepárate para hablar de ti mismo o de ti misma y ten a la mano las mejores respuestas. Recuerda que puedes estar frente a una vacante de empleo. Si tienes algún contacto de recursos humanos, pídele su ayuda para pulir tu información con respecto a lo que busca en un candidato.

Debes tener presente que en el camino encontrarás personas que podrían mostrarse difíciles y que probablemente tratarán de impedirte que hables con su jefe. No te preocupes. Muy pronto descubrirás que la creación de una red de contactos facilita el camino para llegar a la persona deseada.

Actualiza tu red de contactos

1) Evaluación de tu red

Tu red de contactos está conformada por amigas, amigos, familiares, conocidos, etcétera. El valor de cada individuo dentro de tu red dependerá de cada situación. Es importante que sepas qué personas deben estar en tu lista en cada momento específico de tu búsqueda de empleo.

2) Mantén vigentes a tus contactos

La tarea principal a la hora de administrar tu red no solo es conocer a la gente, sino mantener estos contactos vigentes siempre, y que sepan claramente que estás desempleado y que estás buscando empleo. Mantén a tus contactos informados de tus actividades y tus logros. Mándales periódicamente un correo electrónico o, si tienes más confianza, un WhatsApp.

3) Tarjeta de presentación

Proporcionar una tarjeta de presentación a las personas con las que contactes y platiques es, a la vez, una forma rápida y directa de dar tus datos personales, además de un acto de cortesía. Manda imprimir de inmediato las tuyas.

4) Planificación

Tendrás que organizar tus horarios, fechas, citas y contactos. Anota todo en el calendario de tu celular o, si prefieres, hazlo en una agenda (a la antigüita). La intención es que tengas todo a la mano.

5) Responde con prontitud

Llama o escribe tan pronto como puedas a todos los correos electrónicos o mensajes para confirmar que has recibido su información y que podrás dar una respuesta más completa en una fecha o tiempo determinado. Mantén tu buzón de correo electrónico lo más vacío que puedas. (Si no tienes una dirección de correo electrónico, es fundamental que obtengas una. ¡Es muy fácil! Pregúntale a algún amigo o amiga. Mi recomendación es que uses la de Gmail).

Conclusiones

Una red de contactos que te ayude a reducir el tiempo de desempleo requiere por sí misma tiempo y dedicación. Al principio puede parecerte aburrido hacer una, pero con la práctica se convertirá en un hábito diario de vida y comprobarás que el esfuerzo que se necesita es mínimo. Si todavía tienes dudas sobre la efectividad de este método, pregunta a otras personas de tu alrededor cómo han encontrado empleo. Descubrirás que la mayoría lo encontró gracias a un contacto. No descuides tu red de contactos después de haber conseguido trabajo, probablemente alguno de ellos te buscará después para pedirte ayuda.

BOLSAS DE TRABAJO

En México existen diversas bolsas importantes que me parece interesante que conozcas:

- Academia Mundial de Empleabilidad y Bolsas de Trabajo (Amebot). Esta empresa es una red de cientos de universidades, empresas y reclutadores que se dedica principalmente a la capacitación en búsqueda de empleo de personas de todos los niveles.

Se imparten regularmente talleres en línea de búsqueda de empleo (búscalos en la página web www.amebot.com), en los cuales se abarcan muchos temas y son sumamente económicos. Más de 30 000 estudiantes y profesionistas han encontrado empleo.

- Otra opción es visitar la bolsa de trabajo de tu universidad. Todas las universidades cuentan con una bolsa de trabajo para estudiantes y egresados, generalmente es una plataforma digital. Si no hay vacantes relacionadas con lo que haces, te recomiendo recabar los datos de todas las empresas que te parezcan atractivas y buscar una entrevista por tu cuenta.

- También puedes visitar tu delegación o municipio, estos cuentan con bolsa de trabajo. No necesitas esperar a una feria de empleo, tienen oficinas y te podrán atender.

- Busca las bolsas de trabajo de distintas asociaciones, por ejemplo, la Asociación de Hoteles, la Asociación de Clubes Vacacionales o el Colegio de Contadores.

FERIAS DE EMPLEO

El Gobierno de México indicó que en 2019 se realizaron 382 Ferias del Empleo en todo el país, por medio del Servicio Nacional del Empleo (SNE), con las que se atendieron a 245 629 buscadores, y del total de vacantes de más de 10 000 empresas, se ocuparon 78 947 puestos, es decir, el 32% de lo ofertado.

La Secretaría del Trabajo y Previsión Social (STPS) señaló que la cobertura será mediante una mejor focalización de los eventos, que propicie una mayor coincidencia entre los perfiles laborales de los buscadores y los requisitos de las vacantes. Además, en los próximos años la STPS favorecerá la inclusión laboral de los buscadores de trabajo que enfrentan mayores barreras al insertarse en puestos formales.

Por lo anterior, se incentivará la participación de empresas que promuevan vacantes incluyentes y que privilegien la incorporación de jóvenes en busca de su primer empleo, mujeres y personas con discapacidad. En realidad, las ferias de empleo se han convertido en espacios de *Employer Branding*, esto significa que son eventos más de relaciones y de publicidad de marcas que de contrataciones, pero te recomiendo ir, ya que puedes encontrar muchos reclutadores y, si te vendes bien, podrás generar algunas entrevistas.

Para conocer las fechas de las próximas ferias de empleo en el país, puedes ingresar a https://ferias.empleo.gob.mx/home.

Las universidades también hacen ferias de empleo. Muchas empresas ponen puestos, en donde dan información sobre vacantes. Revisa las fechas de esos eventos.

BÚSQUEDAS EN INTERNET

La búsqueda de puestos ejecutivos por las empresas a través de internet ha evolucionado mucho durante los últimos cinco años. La mayoría de las empresas tienen acceso a internet y lo utilizan, entre otras cosas, para reclutar.

Subir tu currículum en todos los sitios de búsqueda de empleo es una buena decisión. A continuación te menciono los sitios más importantes que hay en este rubro. Visita todos y decide cuál te gusta o funciona mejor para ti:

Estos son los principales sitios mexicanos de búsqueda de empleo:

- *Glassdoor.* Este sitio me gusta mucho, pues además de contener miles de vacantes cuenta con estadísticas y recomendaciones para entrevistas. Tienen un buscador en el que, si te registras, te envía vacantes cada semana. ¡Vale la pena! Es de lo mejor que hay a escala mundial. Asegúrate de buscar la empresa que te interesa, hay muchas reseñas que te pueden ayudar.

- *LinkedIn.* Si quieres ser alguien en el mundo laboral, es imprescindible que tengas una cuenta en esta red profesional. Está diseñada para que profesionales de distintas partes del mundo se puedan poner en contacto. Actualmente funciona en unos doscientos países y cuenta con casi 500 millones de usuarios. Si la comparamos con otras páginas de empleo, LinkedIn funciona distinto. Aquí tu perfil es tu CV, y recibirás vacantes que se ajusten a tu perfil. Para que veas que es una empresa de tecnología avanzada y de la más alta calidad… ¡es de Microsoft! Y, obvio, tiene su sede central en Silicon Valley.

- *Bumeran México*. Este sitio es uno de los más conocidos en el país. Tiene una gran variedad de puestos de trabajo. Se puede decir que es posible encontrar un trabajo de cualquier tipo. Conozco al CEO, ¡es un gran tipo! Existen desde hace más de diez años, por lo mismo, cuentan con una experiencia única en el mercado. En total, hay más de 6 000 empresas que utilizan esta página de empleo para publicar sus ofertas y hay más de 60 000 empresas publicadas. Para que te hagas una idea de su magnitud, en este portal hay empresas como Amebot, McDonald's, SAP, Google, Adidas, Colgate, Coca-Cola o Manpower.

- *OCCMundial*. Esta página de empleos es una de las más reconocidas en México, por no decir la más. Se creó en 1996 en CDMX. ¡Ofrecen poco más de 100 000 puestos de trabajo al día! También ponen a tu disposición cursos y talleres, así como capacitación a empresas.

- *CompuTrabajo México*. Este es otro de los sitios más populares en México y Latinoamérica (tiene más de 80 millones de visitas al mes). En total hay casi 20 000 empresas registradas en esta página de empleo y publican más de 80 000 puestos de trabajo ¡casi nada! Entre las empresas más destacadas que se encuentran en este sitio están el Tecnológico de Monterrey, Teletech y Grupo Herdez.

- *Empleo.gob.* Este es un portal que está asociado a la Secretaría del Trabajo y Previsión Social. Ofrece casi 250 000 puestos de trabajo. Tiene mucha oferta laboral porque el portal está relacionado con otras bolsas de trabajo como Manpower, OCCMundial o Bumeran. En esta página también es posible encontrar las vacantes de la Secretaría de la Función Pública, del Instituto Mexicano de la Juventud, Turijobs México, Discapacidad y Empleo o en dependencias gubernamentales. Además cuenta con ofertas para capacitaciones.

- *Indeed.* Este es un portal que agrupa varios sitios. En esta plataforma se publican tanto ofertas de terceros como empresas que se publican directamente ahí. Uno de sus principales atractivos es la diversidad de opciones. Para utilizarla debes hacer una cuenta. Esta plataforma está presente en más de sesenta países y actualmente cuenta con unos 200 millones de usuarios al mes.

- *Jooble.org.* Este un sitio donde se recogen las posiciones vacantes que hay en diferentes portales de empleo, similar a Indeed. Hay más de 250 000 puestos activos. Además, tiene una gran presencia internacional, pues se encuentra en más de sesenta países.

- *Un mejor empleo.com.mx.* Este sitio tiene una amplia presencia en muchos países de América Latina. En estos momentos tiene más de 7 000 vacantes activas. ¡Recibe más de 210 000 visitas mensuales!

- *Amebot.com.* Este sitio de la Academia Mundial de Empleabilidad y Bolsas de Trabajo se ha fortalecido de manera exponencial, cientos de buscadores de empleo han logrado postularse y contratarse. Asegúrate de enviar tu CV y de realizar un curso de búsqueda de empleo, con el que obtendrás una certificación mundialmente reconocida. Hazlo aquí: Academia.Empleabilidad. teachable.com.[2]

---

2   Por la compra de este libro obtendrás 50% de descuento en el curso, utiliza el código ENCUENTRA1607.

- *Lucas5.* Es un sitio que cuenta con varios servicios, pues esta empresa es, a su vez, *headhunter* ¡Hay muchísimas vacantes interesantes! Desde puestos de muy buen nivel hasta empresas AAA.*

¿Qué debes hacer en un sitio online de búsqueda de empleo?

Casi todos los sitios de búsqueda de empleo en línea poseen procedimientos similares para capturar el currículum de los postulantes, por lo que los pasos a seguir son casi siempre los mismos:

1) Incluye los datos de tu currículum siguiendo las indicaciones de cada uno. En algunos sitios hay formularios preestablecidos. No obstante, algunos sitios te permiten cargar tu currículum (hazlo en PDF para evitar que se modifique tu información).

2) Navega en el sitio hasta encontrar vacantes de tu giro o interés.

3) Postúlate en línea a cada una de esas vacantes.

4) Actualiza tu currículum constantemente (cada diez días). Si no lo actualizas, se perderá entre otros cientos de miles.

5) Algunos sitios te permiten capturar varios currículums. Aprovecha esa opción dando a cada uno de ellos diferente enfoque u orientación.

6) Algunos de estos sitios tienen agentes de búsqueda que te envían un mensaje de correo electrónico si una empresa anuncia una vacante que coincida con tus criterios de búsqueda.

7) Lee las recomendaciones de cada sitio. Suscríbete a sus *newsletters* para que recibas información semanal.

PERIÓDICOS

No descartes la posibilidad de revisar, entre líneas, las vacantes de periódicos, tanto impresos como digitales, o de revistas. ¿A qué me refiero con esto? A que si lees correctamente las noticias, puedes identificar información muy útil para tu búsqueda. Te sugiero revisar la sección de Negocios y buscar estos cuatro tipos de noticias:

1) Creación de nuevas empresas

Cuando un grupo de empresarios o inversionistas crea una nueva empresa, los medios siempre la mencionan en una noticia. Es obvio que todas las empresas de reciente creación necesitan personal. En la actualidad, la industria de telecomunicaciones y tecnología es la que más oportunidades ofrece en este sentido.

2) Inauguración de oficinas, fábricas o plantas

El crecimiento que logran algunas empresas las obliga a buscar mayor espacio para ubicar a su personal. Cuando esto sucede, también resulta inminente la creación de nuevas plazas. Algunas empresas llegan a desplegar un aviso en los periódicos informando al público su nuevo domicilio. En el caso de las empresas de manufactura, cuando enfrentan una gran demanda de sus productos, tienen que construir nuevas fábricas y plantas, con lo que se genera una situación semejante.

3) Nuevos productos y servicios

El lanzamiento de nuevos productos y servicios al mercado siempre genera oportunidades laborales. Las empresas de consumo constantemente desarrollan nuevas ideas para incrementar su participación de mercado, extender su alcance o diversificar sus líneas de productos. Lee cuidadosamente este tipo de noticias y comunícate inmediatamente con los reclutadores de esas empresas.

4) Publicidad constante

Si una empresa se anuncia constantemente en medios de difusión masiva como periódicos, revistas, televisión y radio, resulta obvio inferir que tiene capital para hacerlo. Una empresa con mucho capital contrata personal nuevo en forma constante. Analiza cuidadosamente los anuncios para conseguir correos electrónicos.

ANUNCIOS CLASIFICADOS

*¿Cómo responder a un anuncio
clasificado del periódico?*

Los anuncios clasificados desempeñan un papel importante en la búsqueda de empleo, aunque no son la única fuente. Debes considerarlo como una de las tantas armas en tu arsenal.

Si planeas recurrir a estos anuncios, deberás elaborar un currículum y una carta de presentación para cada anuncio; es decir, siempre deberás elaborarlos con una orientación clara hacia lo que cada empresa produce y necesita.

Aunque esto suena obvio, muy pocos candidatos lo hacen y terminan enviando el mismo currículum (incluso sin carta de presentación) a muchas empresas. Estas mismas personas también se preguntan por qué nadie las llama.

¿Cómo interpretar un anuncio clasificado?

Para asegurarte de que tu carta de presentación y tu currículum contengan justo lo que las empresas buscan y necesitan, deberás revisar cuidadosamente los anuncios clasificados para

DIRECCIÓN EN TIEMPOS DE DECISIÓN

encontrar las palabras y frases clave. Responde solo a los anuncios que se ajustan a tu perfil.

HEADHUNTERS

A continuación te daré algunos consejos prácticos respecto de los *headhunters*:

1) Antes de enviar tu currículum a una empresa de *headhunters* (cazadores de talentos), es importante que te pongas en contacto con alguna persona que labore ahí y le preguntes qué niveles de ejecutivos manejan. La mayoría de los *headhunters* solo maneja currículums de altos ejecutivos (de directores de área en adelante). Debes buscar uno que se dedique a colocar ejecutivos de tu nivel, tanto por posición laboral como por el sueldo que solicitas. De no hacerlo, estarás desperdiciando tiempo y esfuerzos, pues tu currículum terminará en la basura sin siquiera haber sido leído.

2) Nunca envíes tu currículum sin una carta donde informes a cada *headhunter* por qué se lo envías, cuáles son tus logros profesionales, principales cualidades y habilidades, cómo te enteraste de su existencia, etcétera.

3) Los *headhunters* se interesan más en ejecutivos que están trabajando. Si estás
desempleado, tu currículum pierde fuerza, pero si tu experiencia es amplia e interesante, quizá lo tomen en cuenta. Dice un
dicho: «Un buen ejecutivo se vende (o busca
empleo) mientras está trabajando, no hasta que pierde su empleo».

4) No envíes tu currículum sin tener claro por
qué lo haces. Comunícate con el *headhunter*
inmediatamente después de haber enviado
tus documentos. Platica con él o ella, pídele
su opinión acerca de tu currículum y solicítale que te conceda una entrevista lo antes
posible. Si el *headhunter* no te conoce en
persona, difícilmente te recomendará. ¿Tú
recomendarías a alguien que no conoces?

5) Cuando hayas encontrado un trabajo que
cumpla con tus expectativas, mantén informados de tu trayectoria a todos los
headhunters a los que hayas enviado tu
currículum. Mantenlos actualizados sobre
tus avances y logros.

AGENCIAS DE EMPLEO
O DE COLOCACIÓN

Las agencias de colocación están reguladas y pueden ser públicas o privadas. Estas son utilizadas tanto por el Servicio Público de Empleo Estatal como por los Servicios Públicos de Empleo de las Comunidades Autónomas para proporcionar trabajo a personas desempleadas. Hacen un análisis de los candidatos para determinar la dirección a seguir. Las principales son Adecco, Manpower y Kelly Services. Si necesitas más, encontrarás más de cincuenta empresas de este giro en internet.

Empresas de reclutamiento

Aquí las cinco principales:

JINZAI   www.jinzai.com.mx

Adecco   www.adecco.com.mx

Manpower   www.manpower.com.mx

Labor Mexicana   www.labormx.com

Randstad   www.randstad.com.mx

La pelota está en tu cancha,
¿qué vas a hacer ahora?

Edson Arantes do Nascimento, ***Pelé***

Fuerza en tiempos de debilidad

Frida se graduó de la universidad hace seis meses. Estudió Ingeniería Química. Dado el esfuerzo invertido en todas sus materias y su excelente promedio final, estaba segura de que encontraría trabajo en cuanto se graduara. Pero ya han pasado cinco meses y aún no tiene ninguna propuesta. Además, sus papás no dejan de presionarla para que empiece a ganar dinero.

Una noche soñó que, andando por un camino, se encontraba con una inmensa montaña que parecía imposible de subir. Alrededor de esta, solo había árboles y un precipicio.

Frida no sabía qué hacer. Se sentó y, después de un rato, se percató de que no había manera de continuar y que únicamente un atleta podría escalar esa montaña. Sabía que ella no lo podría lograr y no tenía ni idea de para qué debía subir. Se dio por vencida y decidió regresar. No sentía ningún compromiso ni motivación para intentarlo. Y no tenía sentido arriesgar su vida.

De pronto escuchó un llanto a lo lejos. No había duda de que era el llanto de un recién nacido. Pensar en un bebé en problemas hizo que viera la montaña un poco más pequeña. «Tal vez sí puedo subirla», se dijo a sí misma mientras el llanto se hacía cada vez más intenso.

El dolor del bebé hizo que no solo se comprometiera a hacer algo, sino que lo intentara y se esforzara. El llanto se volvió tan insoportable que resultó claro que al bebé le estaba sucediendo algo malo, y Frida no dejaba de pensar que podía ser uno de sus sobrinos.

Ahora tenía el compromiso de hacer algo, así que trató de escalar. Conforme subía, adquiría mayor fuerza. Comenzó a subir una pendiente de casi 90 grados como si fuera una escalera. Solo tenía una meta, rescatar al bebé. Se apasionó por la empresa de salvarlo y, sin darse cuenta, llegó a la cima.

En ese instante, justo en la cumbre, el llanto cesó pero no había rastro alguno de un bebé. Lo importante, sin embargo, era que había alcanzado lo que creía imposible.

NUNCA PIENSES QUE NO SE PUEDE; A VECES
SOLO NECESITAMOS UN EMPUJONCITO PARA
DARNOS CUENTA DE QUE SOMOS CAPACES
DE SUBIR LA MONTAÑA MÁS GRANDE
DEL MUNDO. HAZ LAS COSAS CON PASIÓN.
LOGRARÁS TODO LO QUE TE PROPONGAS SI
ESTÁS COMPROMETIDO(A) CONTIGO MISMO(A).

SOLICITUD DE EMPLEO

A veces las empresas te pedirán que llenes
una solicitud de empleo. A continuación te pre-
sentaré cinco puntos importantes al llenar tu
solicitud:

1) Sueldo: asegúrate de poner un parámetro
   de sueldo y no un sueldo fijo.

Ejemplo: 8 000 – 12 000 pesos.

También es recomendable escribir «A negociar». Esto te dará oportunidad de obtener una
entrevista.

2) Las referencias personales: Deben ser jefes anteriores. Asegúrate de contactarlos
   para que sepan que quizá los llamarán.

3) Nunca mientas en tu solicitud. Sé honesto.

4) Llénala con mucha paciencia y buena letra.

5) Fotografía. Es opcional y es tu decisión, yo te recomiendo no ponerla.

Solicitud de empleo
Llenar la solicitud con letra legible y de molde

Fotografía reciente
tamaño infantil
2.5cm x 3 cm

Fecha	Puesto solicitado	Sueldo deseado

Datos personales

Apellido paterno	Apellido materno	Nombres	Edad

Domicilio	Colonia	Código postal	Teléfono	Móvil

Lugar de nacimiento	Fecha de nacimiento	Nacionalidad	Sexo
			O Masculino O Femenino

Vive con:	Estatura	Peso
O Sus padres O Familiares O Parientes O Amigos O Solo		

Personas que dependen de usted	Estado Civil
O Hijos O Cónyuge O Padres O Otros	O Soltero O Casado O Otro

Documentación

Número de Curp	Número de Cartilla servicio militar	Número de Pasaporte

Licencia de manejo	Tipo de licencia y número	Si usted es extranjero adjunte documentación que permite trabajar en el país
O Sí O No		

Hábitos personales

¿Cómo considera su estado de salud?	¿Padece alguna enfermedad crónica?
O Buena O Regular O Mala	O No O Sí (Cual)
¿Practica algún deporte?	¿Pasatiempo favorito?

Datos Familiares

Nombres de	Vivo	Finado	Domicilio	Ocuapción
Padre				
Madre				
Esposa(o)				
Nombres de los hijos				

Escolaridad

Nombre de la escuela o instituto	Domicilio	Fecha de inicio Fecha de termino	Certificado que lo avala
Primaria			
Secundaria			
Preparatoria o Vocacional			
Profesional			
Comercial u otras			

CÓMO HACER UN CURRÍCULUM EFICAZ

¿Qué es un currículum y para qué sirve?

Un currículum es, dicho de una forma simple y llana, un volante de publicidad de tu persona, cuyo objetivo es invitar a su lectura desde las primeras líneas; por eso, debes mostrar en él los datos más importantes sobre ti. Además, SIEMPRE debes relacionarlos con el puesto solicitado o con la empresa a la que lo dirijas; de lo contrario, no servirá de nada.

El currículum sirve únicamente para lograr el mayor número de entrevistas en forma inmediata.

A continuación mencionaré los elementos principales que necesitas conocer para elaborar un currículum:

- Los materiales necesarios para hacerlo.

- El estilo y la forma que debes aplicar.

- Los distintos tipos de currículums que existen y las secciones que deben contener.

a) Materiales

Los primeros consejos para hacer un currículum están en los materiales que debemos utilizar para su elaboración.

- Usa siempre papel blanco, sin adornos.

- ¡Hazlo en computadora!

- Si decides incluir foto, utiliza una vestimenta formal con accesorios discretos. Nunca uses una *selfie* o una foto grupal recortada.

- El currículum debe caber en una sola hoja, no más.

- Nunca debe llevar carátula.

b) Estilo o forma

Existe un método llamado *mapeo*, que ayuda al lector, en este caso al reclutador, a revisar un currículum sin tener que leerlo detenidamente. Para aplicarlo, puedes utilizar herramientas como las siguientes:

1) Se usan palabras en negritas para llamar la atención.

2) Las letras en itálicas (también llamadas *cursivas*) ayudan a enfatizar algunos datos.

3) Las MAYÚSCULAS o las VERSALITAS pueden emplearse para llamar la atención o diferenciar los títulos y subtítulos del texto general.

4) Puedes subrayar para resaltar.

5) Los *bullets* o viñetas:

- Añaden énfasis.

- Generan variedad visual.

- Permiten hacer referencias rápidas y facilitan la lectura.

6) Si vas a incluir listados, utiliza columnas, como en el siguiente ejemplo:

Word	Photoshop
Excel	InDesign
PowerPoint	Illustrator

7) Usa espacios en blanco para separar secciones o áreas.

8) El uso de distintos tipos de letra puede constituir un estímulo visual si se recurre a ellas esporádicamente, pero selecciona solo los que sean fáciles de leer (por ejemplo, Arial o Times New Roman).

9) Puedes elegir letra de tamaño 10 puntos para el texto general y dejar la de 14 para dar mayor énfasis.

10) Usa líneas finas para separar secciones.

11) Mantén tus márgenes espaciados en forma equivalente.

12) Guárdalo en PDF para evitar que se mueva o modifique la información.

c) Tipos de currículums

Los tipos de currículums se pueden clasificar en tres categorías base (cronológico, funcional y combinado), de las cuales se pueden derivar un sinfín de formatos híbridos, que pueden adaptarse a las necesidades y los perfiles de cada persona. De hecho, la gente que trabaja en la misma industria debe usar formatos diferentes, pues las experiencias, los logros y las metas suelen variar de caso en caso. Tú, a lo largo de tu vida laboral, necesitarás utilizar más de un formato.

Currículum cronológico

Este formato es probablemente el más familiar. En él se exponen, en orden cronológico, la fecha en que se ha estado en cada empleo y la educación que se ha recibido hasta entonces.

Todo debe comenzar con lo que se ha hecho en la fecha más reciente.

¿Quiénes deben utilizarlo?

- Personas con experiencia laboral.

- Personas cuyo empleo anterior se relacione con su objetivo actual.

- Personas que han ido avanzando en su carrera.

¿Quiénes NO deben utilizarlo?

- Personas con períodos largos de desempleo.

- Personas que han experimentado muchos cambios de trabajo en poco tiempo.

- Recién egresados sin experiencia profesional.

- Gente que está buscando un cambio de carrera.

Currículum funcional

El formato funcional es menos conocido que el cronológico. En ocasiones presentar tu experiencia laboral en forma cronológica exhibe una imagen que no es del todo positiva. El formato funcional se enfoca en la descripción de las habilidades y los talentos que has desarrollado a lo largo de tu carrera, restando énfasis a los puestos, el nombre de empresas y las fechas en que trabajaste en ellas.

El propósito principal de este formato es mejorar las probabilidades de que los candidatos con credenciales «endebles» consigan una entrevista; también es útil para personas que están en pleno cambio de carrera y desean restar atención a su empleo más reciente.

¿Quiénes deben utilizarlo?

- Personas con amplia experiencia.

- Personas cuya corta experiencia no justifica usar el formato cronológico.

- Personas que estén buscando un cambio de carrera.

- Personas cuya carrera ha ido en decadencia.

- Personas que intentan integrarse al mercado laboral tras un período prolongado de inactividad.

Currículum combinado

Este formato puede ser una herramienta poderosa y flexible para quienes cuentan con antecedentes laborales sólidos y desean resaltar sus habilidades especiales, pues combina lo mejor de los dos formatos antes mencionados. Al igual que el formato cronológico, en este también se enlista de manera cronológica inversa el historial laboral y de educación, pero, al mismo tiempo, permite resaltar las habilidades que hacen más cotizable a una persona.

¿Quiénes deben utilizarlo?

- Personas con una carrera exitosa y en ascenso.

- Recién egresados con experiencia profesional.

- Personas que están buscando un cambio de carrera.

- Personas que tratan de integrarse al mercado laboral tras un período prolongado de inactividad.

Currículum en video

Desde 2018, algunas empresas piden a los candidatos videos curriculares. Si te solicitan uno, aquí tienes los puntos más importantes para hacerlo bien:

1) Utiliza una aplicación especializada.

2) Asegúrate de que dure un minuto. No más.

3) La calidad debe ser muy buena.

4) El audio debe ser claro.

5) Tu imagen tiene que ser excelente, utiliza una vestimenta adecuada.

6) Utiliza las mismas secciones de un CV.

   a) Qué buscas.

   b) Habilidades y competencias relacionadas con el puesto.

   c) Actitudes, valores y cualquier otra cosa que te diferencie de otros candidatos.

   d) Edita el video y asegúrate de poner en texto tus datos personales.

d) Secciones o partes

Una vez determinados los elementos básicos de un currículum, es necesario conocer las seis partes o secciones que lo integran:

1) Encabezado.

2) Datos generales.

89

3) Objetivo o resumen.

4) Educación académica.

5) Experiencia profesional

6) Información adicional.

1) Encabezado

Nunca pongas las palabras «Curriculum Vitae» o tu nombre en el encabezado. El encabezado debe ser el puesto, tu título o el empleo que buscas. El encabezado funciona como el título de un libro: si este es llamativo, incita a la gente a hojearlo y a «comprarlo».

El encabezado debe ir cargado a la izquierda de la hoja y escrito con letras mayúsculas; el tamaño de la fuente debe ser mayor que el resto del texto (14 o 16 puntos puede ser una medida conveniente). Incluso puedes utilizar negritas para distinguirlo de los datos generales.

Estos son algunos ejemplos interesantes de encabezados:

SUPERVISORA DE CENTRO DE ATENCIÓN

ASISTENTE ADMINISTRATIVO

JEFE DE PLANTA

DISEÑADORA DE PÁGINAS WEB

VENDEDOR

COCINERA

2) Datos generales

Los datos generales importantes son únicamente tres: nombre, número de celular y dirección de correo electrónico.

- De nuevo te sugiero que, si no tienes un correo electrónico, obtengas uno. ¡Es indispensable!

- Nunca debes poner en esta sección tu edad, tu fecha de nacimiento, tu RFC o tu estado civil.

91

FUERZA EN TIEMPOS DE DEBILIDAD

- Antes era común escribir tu dirección en esta sección, sin embargo, por seguridad, te recomiendo no hacerlo.

- No escribas la palabra «generales» para titular la sección ni las palabras «nombre», «domicilio», «teléfono» o «email» antes de cada dato. Recuerda que entre menos información escribas, con más facilidad el reclutador leerá tu currículum.

- Es común y comprensible que desees poner en tu currículum varios números telefónicos, sean estos de teléfonos celulares o fijos, o bien varias direcciones de correo electrónico. La gente suele hacer esto para asegurarse de que el reclutador agote todas las posibilidades de localizarla, sin embargo, esta es una creencia errónea, principalmente por dos motivos:

  1) El reclutador se sentirá confundido, pues no sabrá a qué número llamarte primero.

  2) Haces evidente tu desesperación por encontrar empleo.

  Así que lo mejor es solo poner un teléfono, aquel que usas cotidianamente.

Tus datos generales deben ir siempre alineados a la derecha de la hoja para que el encabezado y el objetivo «respiren» mejor.

Ejemplos:

ASISTENTE ADMINISTRATIVO

Pedro Peña Soberanis

55 5266 4011

pedrops16@gmail.com

VENDEDORA

Aurora García Mendizábal

55 5662–6769

asm@hotmail.com

3) Objetivo (o resumen)

Esta sección sí debe estar titulada con la palabra «**objetivo**» o «**resumen**» (en negritas). El objetivo no es más que un pequeño resumen de no más de tres líneas en el que explicas a qué te dedicas, qué buscas, tu experiencia y en qué área te desempeñas, pero no debes escribir objetivos personales, pues estos solo quitan espacio y no le dicen nada al reclutador, como en este ejemplo:

Objetivo: Desarrollar mi capacidad para lograr tanto mis metas como las de la compañía en un puesto afín a mis necesidades.

Más bien escribe un objetivo bien pensado, como los que se presentan a continuación:

Objetivo: Ingeniera química con 10 años de experiencia en el manejo de una planta productiva y supervisión de personal.

Objetivo: Ejecutivo de ventas o promoción. Soy una persona muy activa y creativa capaz de vender cualquier aparato de línea blanca u electrónica.

Si no tienes nada de experiencia porque eres recién egresado, tu objetivo debe decir en qué área deseas trabajar y por qué crees que es la mejor para ti, o bien qué consideras que puedes aportar a la empresa.

4) Educación académica

2004–2006   Ingeniero Industrial / UNAM

5) Experiencia profesional

2011 - 2014   Fábrica de Papel Potosí /
Gerente de ventas

Para cada puesto deberás añadir también dos o tres viñetas con los logros o actividades que desempeñaste en dicha empresa. Debes usar frases cortas que mencionen lo más importante del puesto que ocupabas, como son las responsabilidades que tenías y las metas que lograste.

Estos datos son en verdad importantes, porque dan al reclutador más elementos para identificar lo destacado de las actividades que desempeñabas en cada puesto. Esta información puede ser modificada constantemente, de acuerdo con los puestos que solicites.

Para desarrollar estos puntos y que sean realmente significativos para el reclutador, debes utilizar un método llamado PAR, que es las sigla de Problema, Acción y Reacción.

ESTE MÉTODO REQUIERE QUE RESPONDAS TRES PREGUNTAS:

¿QUÉ PROBLEMAS ENCONTRÉ EN MI TRABAJO?

_____

_____

_____

¿QUÉ ACCIONES EMPRENDÍ PARA RESOLVERLOS? (EN ESPECÍFICO, LAS QUE DEMUESTREN TUS HABILIDADES FUNCIONALES O TUS CONOCIMIENTOS DE LA INDUSTRIA).

_____

_____

_____

¿CUÁLES FUERON LOS RESULTADOS? ES DECIR, CUÁLES FUERON LOS BENEFICIOS O REACCIONES CUANTIFICABLES DE TUS ACCIONES EN LAS COMPAÑÍAS DONDE TRABAJASTE; UTILIZA PORCENTAJES O CIFRAS.

_____

_____

_____

Explícalas iniciando siempre cada frase con un verbo en primera persona, conjugado en tiempo pasado: eso proyecta fuerza, como en los siguientes casos: analicé, anticipé, asesoré, acerté, audité, ayudé, calculé, califiqué, capacité, clarifiqué, colaboré, comparé, concluí, conceptualicé, construí, contribuí, coordiné, correlacioné, coparticipé, critiqué, definí, desarrollé, detecté, determiné, diagnostiqué, diseñé, estimé, evalué, examiné, entrevisté, estimulé, identifiqué, inicié, interpreté, inventarié, investigué, juzgué, lancé, lideré, manejé, mantuve, mercadeé, modifiqué, observé, otorgué, participé, percibí, preparé, presenté, reduje, razoné, relacioné, revisé, supervisé, etcétera.

Ejemplo de la sección completa

Experiencia profesional

2011–2014   Fábrica de Papel Potosí / Gerente de ventas

(Importante fábrica de papel en México, especialista en papel higiénico y servilletas).

• Capacité a 12 ejecutivos de ventas de productos financieros **[acción]**, y gracias a ello se incrementaron las ventas en un 61%, de 530 mil a 853 mil pesos, en el primer trimestre de 1992 **[reacción]**.

• Desarrollé un sistema de ventas y prospectación de clientes **[acción]** que agilizó tanto el acercamiento como las ventas a más clientes en menos tiempo, de 30 clientes nuevos atraídos en un mes se lograron primero 68, y luego 76, aplicando el nuevo sistema en un mismo período **[reacción]**.

Nota importante: No es necesario incluir muchas actividades (o viñetas), únicamente dos o tres que se relacionen con lo que buscas, como en el ejemplo anterior.

6) Información adicional

Esta sección debe ir separada de la experiencia profesional con un espacio doble o, si tienes mucho espacio, con otra raya fina. En ella debes incluir solamente algunos de los siguientes datos:

• Nacionalidad.

• Edad o fecha de nacimiento (opcional).

- Los idiomas que manejas con sus respectivos porcentajes de dominio.

- La paquetería o herramientas que manejas y el nivel de dominio (solo las relacionadas con el puesto).

- Cursos (solo los que se relacionen con el puesto solicitado).

Otros consejos adicionales para la elaboración de un currículum son:

- Cuida al máximo la ortografía y la gramática. Por ningún motivo tu currículum debe tener errores «de dedo». Solicita a varias personas que lean tu currículum para que te ayuden a detectarlos.

- No satures de información tu currículum.

- No uses abreviaturas sin explicarlas (a menos que sean de uso común). Por ejemplo, «formación HHF» o «capacitación DNC».

- Sé consistente en el formato que utilices. Por ejemplo, si escribiste algún puesto con negritas, también deberás escribir todos los demás con negritas.

- Evita mencionar cuánto quieres ganar.

- Si eres mayor de 50 años, puedes «maquillar» tu fecha de nacimiento escribiéndola así: 14/02/54. O puedes omitirla.

- Si incluyes exjefes o referentes, cerciórate de avisarles y enviarles tu currículum con antelación para que estén preparados si reciben la llamada de algún reclutador.

Recuerda que aunque no existe un formato estricto para elaborar un currículum, estas reglas y recomendaciones son elementos básicos que toman en cuenta los reclutadores. Además, debes tener presente que los lineamientos que te sugiero en este capítulo fueron comentados y recomendados por un grupo de cuarenta directores y gerentes en recursos humanos de empresas mexicanas triple A. ¡Utilízalos!

En las siguientes páginas incluyo varios ejemplos curriculares. Úsalos como referencia para elaborar el tuyo.

A continuación te dejo unos ejemplos:

MARTA **GARCÍA P**

52(55) 1234 5678
martagarcia@gmail.com

Objetivo
Posición gerencial en RP para incrementar ventas, hacer eventos y generar proyectos.

EXPERIENCIA

2017 – 2019
PRODUCTORA DE EVENTOS, GRUPO FINTECH
- Coordinación y organización de juntas y eventos.
- Administración y manejo íntegro de comidas, cenas y cocteles.
- Organización de eventos de lanzamiento de nuevos productos.

2012 – 2013
SUBDIRECTORA DE EVENTOS ESPECIALES, SECRETARÍA DE EDUCACIÓN PÚBLICA (SEP)
- Supervisión y coordinación del comedor de funcionarios.
- Organización y control de todos los eventos.
- Manejo de personal y coordinación de banquetes, flores y salones.

2011 – 2012
GERENTE DE RELACIONES PÚBLICAS, Conaculta
- Planificación de los eventos del presidente del Consejo.
- Responsable del comedor ejecutivo.
- Organización de las inauguraciones y eventos en diferentes museos: Munal, Museo Nacional de Antropología, Bellas Artes, Rufino Tamayo y Museo de Arte Moderno.
- Estrecha relación con el Estado Mayor Presidencial.

2009 – 2010
DEPARTAMENTO DE RELACIONES PÚBLICAS, SECRETARÍA DE ECONOMÍA
- Manejo integral de los comedores.
- Administración de la comida, almacenamiento y preparación de alimentos.
- Compras de insumos para los comedores (alimentos, vajillas, cubertería y cristalería).
- Proyecto y seguimiento de reducción de gastos y optimización de recursos humanos.

EDUCACIÓN

2007-2011
LICENCIATURA, UNIVERSIDAD LATINOAMERICANA

2013-2014
CURSO AMBIENTACIÓN Y DECORACIÓN DE EVENTOS

JOSÉ RODRÍGUEZ E.
LICENCIADO EN CONTADURÍA PÚBLICA

OBJETIVO

Licenciado en Contaduría Pública con más de 6 años de experiencia en materia administrativa, financiera y contable.

FORMACIÓN

DIPLOMADO EN ESTRATEGIAS Y REINGENIERÍA FISCAL • 2012 • COLEGIO FISCAL DE MÉXICO

DIPLOMADO INTEGRAL EN IMPUESTOS • 2011-2012 • ESCUELA BANCARIA Y COMERCIAL

LICENCIATURA EN CONTADURÍA PÚBLICA • 2005-2009 • COLEGIO DE CONTADORES
Mención honorífica

INFORMACIÓN ADICIONAL

Inglés (80%). Paquetería Office. Sae, Coi, Noi, Caja, Sua, Contpaq y otros.

EXPERIENCIA

AUXILIAR DE FINANZAS Y ADMINISTRACIÓN • GRUPO PUMA ABARROTERO S.A. DE C.V. • 2011 – 2017
- Supervisión de los procesos contables, inventarios, cuentas por pagar, inversiones, pronósticos de ventas, flujos de efectivo, presupuestos para las 24 empresas del grupo.
- Estrategias de planeación financiera y fiscal que generaron ahorros por más de 4.5 millones de pesos en 2012 y 2013 y que representaron el 10% de la utilidad neta del grupo.
- Control de departamento de Recursos Humanos con más de 700 empleados a lo largo de todo el país.

AUXILIAR ADMINISTRATIVO • PROGRAMACIÓN COMERCIAL APLICADA S.A. • 2010 – 2011
- Supervisión de contabilidad, nóminas, compras nacionales e importaciones, cartas de crédito, inventarios, cobranza de 3 sucursales foráneas.
- Reestructuración de procesos operativos en las áreas de cuentas por pagar, cobranza, gastos y almacén, generando un ahorro de 100 mil pesos mensuales, lo que representó 25% de la utilidad neta de la empresa.
- Elaboración y control de presupuestos y pronósticos de ventas, mismo que generó una mayor eficiencia en el control de gastos y en el seguimiento de ventas.

ASISTENTE DE CONTRALORÍA • ETAL S.A. DE C.V. • 2009 – 2010
- Supervisión de contabilidad, nóminas, compras nacionales e importaciones, cartas de crédito, inventarios, cobranza de 3 sucursales foráneas.
- Reestructuración de procesos operativos en las áreas de cuentas por pagar, cobranza, gastos y almacén, generando un ahorro de 100 mil pesos mensuales, lo que representó 25% de la utilidad neta de la empresa.
- Elaboración y control de presupuestos y pronósticos de ventas, mismo que generó una mayor eficiencia en el control de gastos y en el seguimiento de ventas.

 joserodriguez@gmail.com

 NOMBRE DE USUARIO DE TWITTER

 52 (55) 98 76 54 32

 DIRECCIÓN URL DE LINKEDIN

MARÍA FERNÁNDEZ
ASISTENTE EJECUTIVA

OBJETIVO

Asistir en forma directa a la dirección general de la empresa. He tomado distintos cursos (en línea y presenciales) sobre liderazgo, trabajo en equipo, habilidades para ser una asistente extraordinaria, la importancia de las asistentes en las empresas, entre otros.

EXPERIENCIA

ASISTENTE EJECUTIVA Y AUXILIAR CONTABLE
Desarrolladora de Parques Industriales

(2010-hoy)

- Asistencia al Director General
- Manejo de cuentas por pagar y cuentas por cobrar.
- Encargada de facturación, pago de impuestos y pago de servicios.
- Encargada de los contratos de arrendamiento y el seguimiento de estos.
- Estandarización de procesos para relación con proveedores.

ASISTENTE EJECUTIVA / FONDO INVERPRO

(2004-2010)

- Agenda, manejo y atención a cliente.
- Atención de los asuntos de la Dirección General.
- Encargada de abastecer la cafetería interna y de que los aparatos técnicos funcionen perfectamente

AUXILIAR CONTABLE /GRUPO CONSULTORÍA INTEGRAL

(1995-2004)

- Asistencia en los procesos administrativos y contables.
- Supervisión de cuentas por cobrar y cuentas por pagar.
- Encargada de pago de impuestos.

APTITUDES

INGLÉS
PROGRAMAS CONTROL 2000
PAQUETERÍA OFFICE
PROGRAMA DE FACTURACIÓN

Algunas personas quieren que algo ocurra,

otras sueñan con que pase,

otras hacen que suceda.

Michael Jordan

PERSEVERANCIA EN TIEMPOS DE INESTABILIDAD

Alberto tiene 32 años y trabajaba en una cafetería, llevaba más de cuatro años en ese lugar. Ahí se convirtió en un gran amante y conocedor del café, sabía perfectamente cómo molerlo y cuál era el grosor ideal según la máquina que utilizaría. Hacía el mejor café en prensa francesa y podía distinguir entre distintos granos y aromas. Disfrutaba todos los días de trabajo porque cada vez desarrollaba un mejor olfato.

Un mal día murió Patricia, la dueña de la cafetería, de un paro cardíaco. Y con ella se fue todo lo que habían construido durante esos años. Alberto trabajaba en la cafetería desde que se abrió, por lo que sentía que ese pequeño local había sido su escuela y, sobre todo, su casa.

Los hijos de Patricia se quedaron con el negocio y analizaron los estados financieros. Se dieron cuenta de que la cafetería no era un buen negocio, sino más bien un capricho de su madre. Así que decidieron cerrarla.

Alberto regresó a casa devastado. Se metió a bañar con agua fría y lloró por más de tres horas. Tenía sentimientos encontrados; por un lado, estaba triste por la muerte de Patricia, que había sido una madre para él, y por el otro, no sabía cómo iba a pagar la renta de ese mes.

Una noche soñó que estaba manejando en una carretera. La calle parecía infinita y por más que Alberto avanzaba no llegaba a ningún lado, así que cada vez pisaba el acelerador con más vigor. Pero la presión fue tal que empezó a perder el control del coche y este empezó a desestabilizarse.

Alberto se aferraba al volante con una perseverancia única, y ahora pisaba el pedal del freno con todas sus fuerzas para parar. Pero la máquina no respondía. Pasaron algunos minutos, que él sintió como una eternidad, y logró volver a tener el control. La aguja del velocímetro se situó de nuevo en un rango normal. Y, cuando menos lo esperaba, llegó a su destino. Después despertó.

> CUANDO ESTAMOS DESEMPLEADOS, ES COMÚN SENTIR QUE PERDEMOS EL CONTROL DE NUESTRA VIDA Y QUE NO SABEMOS REALMENTE HACIA DÓNDE NOS DIRIGIMOS. LO IMPORTANTE ES RECORDAR QUE ESTAR DESEMPLEADO(A) ES UNA SITUACIÓN PASAJERA, QUE PASARÁ PRONTO Y QUE, PROBABLEMENTE, APRENDEREMOS MUCHO. ¡ÁNIMO!

EL SUELDO: ¿CÓMO SÉ CUÁNTO VALE MI TRABAJO EN EL MERCADO?

Después de enviar tu currículum a muchas empresas, de haber hecho cientos de llamadas telefónicas y de tener incontables entrevistas de trabajo, por fin recibes la llamada que tanto habías esperado. ¡Por fin te ofrecen un empleo! Solo hay un pequeño problema. No quieren pagarte lo que pides o la remuneración que esperabas.

Tus papás te dicen: «No seas tonto(a), acepta el trabajo». Tu pareja no sabe qué decirte y tampoco sabe si te conviene (aunque en el fondo desearía que te pagaran más). Tus amigos(as) te dicen que los mandes al diablo y sigas buscando hasta que encuentres empleo en una empresa donde te paguen lo que mereces.

¿Qué hacer en una situación así?

Debes analizar la empresa y el potencial de crecimiento que esta ofrece a corto plazo, para saber si te conviene aceptar o no.

Si estás seguro de que la empresa que te ofrece empleo vale la pena, puedes tomar el puesto de menor sueldo (tomando como referencia tu empleo anterior), siempre y cuando accedan a reevaluar tu sueldo en un par de meses.

Muchas compañías estarían dispuestas a aceptar este reto, ya que así tienen la oportunidad de evaluarte como empleado(a) y, si les convence tu desempeño, estarán dispuestas a reconsiderar tu sueldo y a pagarte al menos lo que solicitabas al principio. No olvides reunirte con tu jefe o jefa después de esos dos meses para platicar sobre el aumento; muchos aumentos nunca se dan porque, generalmente, los empleados tienen miedo de acercarse a sus superiores. Mi recomendación es que, siendo cortés, nunca te quedes callado(a).

A continuación menciono algunas recomendaciones que te servirán para negociar tu sueldo:

1) Busca oportunidades reales de desarrollo, no solo sueldos altos.

2) Evita hablar del sueldo en la primera entrevista.

3) Negocia el sueldo solo hasta que tengas una oferta sobre la mesa.

4) Busca toda la información que puedas acerca del puesto y la empresa.

5) Averigua el rango de sueldo que ofrecen en esa posición, tanto dentro de esa empresa como en otras de la misma industria.

Un problema frecuente que afecta a quienes buscan empleo es no saber bien lo que vale su trabajo. El 80% de las personas que pierden su empleo creen que deben pedir lo que percibían antes e incluso un poco más.

Esto ocurre porque cuando nos quedamos sin empleo nos basamos siempre en el sueldo que recibíamos en nuestro trabajo anterior y no reparamos en pensar si recibíamos más o menos el promedio del mercado. Por eso, no siempre resulta lo más recomendable solicitar lo que recibías antes, mucho menos pedir una suma superior a esa cantidad.

La forma más fácil de conocer lo que vale en dinero tu trabajo es evaluar:

1) El mercado que hay para puestos similares.

2) Cuánto necesitas percibir de acuerdo con el nivel de vida que llevabas (o según los gastos que tenías).

3) Analizar si el momento en que perdiste tu empleo coincide con un tiempo favorable o negativo en términos económicos, tanto en tu lugar de residencia como para la empresa en particular.

Es obvio que la meta de toda persona es lograr un sueldo que cubra todos sus gastos domésticos y tener incluso un sobrante para ahorrar. La mejor recomendación cuando perdemos nuestro empleo es buscar un ingreso cercano al anterior aunque sea un poco más bajo, siempre y cuando cubra por lo menos 65% de nuestros gastos habituales. El peor error que puedes cometer es pensar: «Yo ganaba x pesos y no acepto menos que eso».

Nunca permitas que el sueldo

te detenga para aceptar

una buena oportunidad en una gran empresa.

Ricardo Douglas Hill

Headhunter de Employer de México

Lo importante no es con cuánto

empiezas sino con cuánto acabas.

Aristóteles Onasis

Empresario multimillonario

LA ENTREVISTA: EL MOMENTO DE LA VERDAD

¿Sabes qué es en verdad una entrevista? Trata de adivinar qué es de entre estas cuatro opciones:

a. Una interacción entre dos personas.

b. Una venta.

c. Una prueba.

d. Una oportunidad para darte a conocer.

Las respuestas pueden ser todas, pero lo que más define qué es una entrevista es la respuesta c, esto es, una entrevista es una prueba. Ahora te pregunto: ¿qué crees que debes hacer para pasar una prueba o, mejor aún, para sacar 10 en la prueba?

La respuesta es muy sencilla: **debes prepararte y estudiar.**

Más de 90% de las personas que buscan empleo se presentan a la entrevista sin saber nada de la empresa, ni del puesto.

Es como cuando tenías examen en la preparatoria. Recuerda aquella vez en que te presentaste sin estudiar. El resultado fue obvio. Estuviste muy tenso(a) y nervioso(a) durante toda la prueba y, al final, no te fue bien.

Ahora recuerda cuando estudiabas durante varias horas para presentarte a la prueba. ¿Qué ocurría? Llegaste a clase, contestaste con seguridad, respondiste en forma directa y breve, y obtuviste una excelente calificación.

Una entrevista es una prueba, y la única manera de sacar una buena calificación es estudiando. Solo si te preparas impactarás y te contratarán. De lo contrario, quedarás fuera.

El objetivo principal de las entrevistas es exponer cuáles son tus fuerzas y habilidades, así como la forma en que estas se relacionan con la posición que solicitas. Si no sabes nada de la empresa, de la industria o de la posición que está siendo ofrecida, no hay manera de convencerlos para que te contraten.

Existen tres etapas en una entrevista: antes, durante y después. Pero ¿qué debes hacer en cada etapa?

1) Antes de la entrevista

Prepara respuestas a posibles preguntas que te puedan hacer durante la entrevista. Los temas principales seguramente serán sobre tu persona, tus metas, tus fuerzas y debilidades, tus expectativas, los motivos por los que estás dispuesto(a) a dejar tu otro trabajo, por qué lo dejaste o si te despidieron, así como las principales actividades y responsabilidades que tenías en cada puesto, etcétera.

Prepara estas respuestas con sumo cuidado. Concéntrate en las cosas positivas, pero sé honesto(a) respecto de las dificultades y problemas que tuviste en el pasado. Nunca hables mal de tus jefes anteriores o actuales. Y ¡trata de mantener una actitud positiva en todo momento!

ESTOS SON ALGUNOS DATOS QUE PUEDES INVESTIGAR SOBRE LA EMPRESA EN LA QUE TE ENTREVISTARÁN:

- ¿Cuántos años de operación ha tenido en México?

- ¿Cuántos empleados tiene?

- ¿En qué otros países tienen presencia?

- ¿Dónde están sus fábricas, plantas, oficinas o tiendas.

- ¿Cuáles son sus productos y servicios, la circunstancia actual de la empresa y su visión del futuro?

- ¿Cuál es el producto o servicio más vendido?

- ¿Qué cualidades buscan en sus empleados?

- ¿Cuál es la filosofía de la empresa?

- ¿Cómo ha crecido y a qué ritmo?

- ¿Qué empresa es su competencia?

- ¿Qué la distingue de otras empresas?

- ¿Qué tipo de experiencia y habilidades tienes que pudieran interesarle a la empresa?

Busca esa información en internet (visitar su página web es indispensable), boletines, periódicos, revistas, etcétera. Piensa en puntos específicos en los que tu experiencia pudiera contribuir al éxito de la compañía.

Un estudio aplicado a treinta candidatos mostró que 70% de quienes investigaron profundamente acerca de la empresa entrevistadora se habían sentido SIGNIFICATIVAMENTE menos nerviosos(as) y más confiados(as) durante la entrevista.

Desarrolla un plan de *marketing* y ventas sobre tu persona. Tú no puedes controlar la percepción que tienen los reclutadores de tus habilidades, pero sí puedes controlar lo que piensan de ti y de tu imagen.

Por último, antes de cada entrevista, debes reunir tus herramientas para buscar empleo. Recuerda que un currículum perfecto, impreso en papel de calidad, y una carta de presentación sensacional sirven para lograr una entrevista.

Lo único que te puede ayudar a obtener el empleo es la entrevista. El empleo no siempre se lo dan al mejor candidato, sino al que mejor se venda en la entrevista.

2) Durante la entrevista

Llega temprano. Por lo menos llega 15 minutos antes. Lleva contigo varias copias de tu currículum o solicitud de empleo, aun cuando ya lo hayas enviado por correo electrónico o estés seguro de que la empresa ya lo recibió. Los reclutadores reciben una enorme cantidad de currículums cada mes y tienen la mala costumbre de traspapelar el currículum del candidato que están a punto de entrevistar.

Vístete adecuadamente. ¡Las primeras impresiones son las más importantes! La vestimenta es la forma en la que te presentas a tus reclutadores, así que investiga cómo se visten las personas que trabajan ahí, puedes preguntarle a la recepcionista o buscar en Google. Hay empresas muy formales, en donde pantalón y camisa (para los hombres, corbata) son indispensables; y, por otro lado, hay otras en donde con *jeans* y una playera estarás perfecto(a).

Las empresas buscan conocerte cara a cara para determinar, a través de sus reclutadores, si eres capaz y agradable, si tienes iniciativa, si sabes negociar, etcétera. Quieren saber cómo te desenvuelves en situaciones de tensión; en pocas palabras, desean saber cómo es tu trato personal.

Haz preguntas interesantes. Para los reclutadores es indispensable que les hagas buenas preguntas. Eso puede identificarte como un buen candidato. Puedes preguntar sobre cuáles son las principales tareas del puesto durante los primeros meses, de cuántas personas es el equipo o área, cuáles son los retos que han tenido como empresa y cuáles son tus posibilidades de crecimiento profesional. Platica sobre las expectativas de ambas partes y trata de determinar si la posición es para ti. Nunca te quedes callado(a) cuando te pregunten si tienes alguna duda.

- -

**Solicita la tarjeta de presentación del re-
clutador al finalizar la entrevista.** Este es un
excelente parámetro de probabilidad de contratación: si te la da, es buena señal; de no ser
así... a seguir buscando.

Hay cuatro tipos de preguntas que te pueden
hacer en una entrevista:

- Personales: relacionadas contigo, tu familia o tu estado civil.

- Técnicas: relacionadas con las hablidades
  específicas para realizar el puesto para el
  que estás siendo entrevistado(a).

- Analíticas: son las que te hacen analizar
  una situación específica y no necesaria-
  mente relacionada con el puesto, con estas
  pueden ver tu forma de pensar.

- De competencias: estas son preguntas
  profundas sobre tu desempeño en empresas anteriores.

Cada pregunta tiene su objetivo, y para que
respondas de la mejor manera te tengo dos
grandes recomendaciones.

1) Es muy importante que conozcas por lo menos algunos de los objetivos del puesto para así relacionar tu trayectoria con ellos durante la entrevista. Por ejemplo, si el puesto es para ser gerente de ventas y uno de los objetivos es asistir al director de ventas en la toma de decisiones, las preguntas importantes serán las técnicas y las analíticas. Con las técnicas podrán identificar las herramientas y conocimientos con los que cuentas para realizar esta labor.

b) Siempre intenta responder de la forma más breve posible, ve a los ojos al reclutador y asegúrate de entender la pregunta. Si no te queda clara alguna pregunta, lo mejor es que pidas que te la aclaren.

A continuación enlisto las diez preguntas o solicitudes de información más frecuentes que suelen hacerle a un candidato durante una entrevista (aunque es evidente que podrían hacerte otras). Desarrolla una respuesta para cada una:

1) Háblame de ti.

2) ¿Cuáles son tus mayores habilidades?

3) ¿Cuáles son tus debilidades?

4) ¿Qué buscas en tu próximo empleo?

5) ¿Por qué has tenido tantos empleos?

6) ¿Por qué trabajaste tanto tiempo con una sola compañía?

7) ¿Qué actividades y responsabilidades tenías en tu último empleo?

8) ¿Cuáles son tus metas y objetivos profesionales?

9) ¿Por qué saliste de tu último empleo?

10) ¿Por qué quieres trabajar aquí?

En una entrevista pueden hacerte estas y muchas otras preguntas, y es importante que, para estas, que son las más frecuentes, tengas una respuesta preparada. Para otras preguntas inesperadas, tómate un momento y piensa bien la respuesta. ¡Nunca respondas a la ligera!

3) Después de la entrevista

Agradece la entrevista. Uno o dos días después de cada entrevista, envía un correo electrónico de agradecimiento a los reclutadores y a cualquier otra persona que te haya entrevistado. Asegúrate siempre de agradecer el tiempo que te concedieron. Menciona que disfrutaste la entrevista y la visita a la compañía.

Es importante que sepas identificar las señales. Cuando una empresa te quiere contratar, es muy fácil darse cuenta después de la primera entrevista, por ejemplo, si el reclutador te dice que quiere verte nuevamente en alguna fecha, que deberás hacer algunos exámenes en línea o que muy pronto te van a llamar para que platiques con el jefe o jefa en otra entrevista. Pero si el reclutador te dice al finalizar la entrevista «gracias por venir, nosotros te llamamos», quiere decir que estás fuera. ¡No te desanimes y sigue buscando!

¿Qué hacer si después de la entrevista no te llaman o te dicen que debes hacer otras cosas antes de darte información?

Muy pocos reclutadores se atreven a decirle a un candidato que no cubre los requisitos del puesto en cuestión. Esto siempre causa angustia y ansiedad en una persona que busca empleo, pues no sabe qué ocurrirá. Lee los siguientes casos para identificar en qué situación estás y qué puedes hacer al respecto:

Caso 1: Recibes una carta donde te notifican que fuiste rechazado.

Existen algunas empresas AAA que por políticas de su área de recursos humanos envían cartas o notificaciones de rechazo a todas las personas que mandaron su currículum o que fueron entrevistadas. Estas pueden ser más o menos así:

Estimado(a) candidato(a):

La presente es para informarle que recibimos su currículum, pero por el momento no podemos ofrecerle ninguna posición dentro de la empresa, le agradecemos mucho que...

¿Qué debes hacer si recibes una carta de rechazo similar? Comunícate con la persona que la firmó o envió y solicítale retroalimentación y consejos sobre lo que debes hacer mejor en el futuro, aunque no sea en esa empresa.

Caso 2: No te han llamado siete días después de la entrevista.

Ya pasó una semana después de la entrevista y aún no te han llamado. Si una empresa está interesada en un candidato, le enviará una notificación antes de siete días en más del 60% de los casos. Si no te hablan después de siete días, ha sucedido alguna de estas situaciones:

1) La empresa no está interesada en ti.

2) Ya se cubrió el puesto.

3) Aún están entrevistando más candidatos (tú no les interesas o no están del todo convencidos y quieren agotar las opciones).

4) No les urge cubrir el puesto.

5) Otras personas que te tienen que entrevistar están fuera del país.

6) Están muy ocupados.

7) No se ha autorizado la apertura de la plaza o se modificó la fecha de contratación.

¡Nunca esperes siete días para enterarte de tu situación, comunícate antes!

Caso 3: El reclutador o la reclutadora no te dan respuestas claras.

La persona que te entrevistó contesta con frases evasivas. En tal caso, debes dar por supuesto que la empresa no está interesada en ti. Descarta de momento esa empresa y pide retroalimentación para entender qué debes hacer mejor en el futuro.

Caso 4: El reclutador o la reclutadora se niega a recibir tus llamadas.

Cada vez que intentas comunicarte con la persona que te entrevistó, te dicen que no está o que está muy ocupada. En tal caso, es preciso que le envíes un mail con preguntas inteligentes que te ayuden a descifrar si están interesados en ti.

Caso 5: No tienes los datos del reclutador o la reclutadora.

Esto no debe ocurrirte. Siempre debes solicitar los datos de la persona que te entrevistó (teléfono y correo electrónico). Recuerda que las entrevistas pueden durar muy poco y el esfuerzo que hagas después de esta mostrará motivación e interés y ayudará a que el reclutador se acuerde de ti.

Caso 6: Te dijeron que ellos se comunicarían contigo.

Los reclutadores siempre dicen lo mismo. Nunca esperes a que ellos te llamen, porque casi nunca lo hacen. Siempre comunícate dos días después de la entrevista.

Caso 7: Te llamaron pero te dijeron que debes responder unos exámenes psicométricos.

Casi ninguna empresa te pediría que efectúes exámenes si no estuviera relativamente interesada en ti, porque aplicar esas pruebas cuesta dinero. Es una buena señal, sé paciente.

Caso 8: No te han llamado pero te enteras de que la empresa está pidiendo referencias tuyas.

Esta es una señal muy buena, pues por lo general pedir referencias de un candidato es el último filtro antes de firmar el contrato. Asegúrate de preparar a las personas que indicaste como referencias.

Existen distintos tipos de entrevistas, aquí te explico algunas:

- *Objetivas:* te entrevista tu futuro jefe, por lo que es importante que resaltes tus habilidades relacionadas con el puesto.

- *Panel:* en esta modalidad varias personas te entrevistarán al mismo tiempo, enfatiza tus fortalezas.

Emocionales: en estas entrevistas los entrevistadores son personas del área de Recursos Humanos; estos te analizan psicológicamente.

· *Vía telefónica:* para estas entrevistas verifica que tu reclutador te escuche bien. Las entrevistas en *línea* han aumentado mucho en los últimos años. Asegúrate de hacerlo a través de alguna aplicación (Skype, Hangouts o Zoom, por ejemplo), usa audífonos, apaga tu micrófono mientras tu entrevistador habla y avisa a tu familia de lo importante que es evitar interrupciones.

Por último, es importante decir que la mayoría de los candidatos suelen ser demasiado pacientes después de una entrevista, ya que siempre tienen la esperanza de que los llamarán para darles una buena noticia, aunque no sea así.

Esto suele ocurrir porque a todos nos gusta creer que, aunque no se hayan comunicado con nosotros, seguimos siendo candidatos. El problema es que cuando tienes opciones «vivas», tus esfuerzos y tu productividad de búsqueda se reducen (en algunos casos incluso llegan a reducirse a cero). Es mejor saber o que te digan de una vez por todas que no están interesados en ti, que esperar mucho tiempo para comunicarte con el entrevistador para que te dé la mala noticia. Dale seguimiento a cada entrevista y evalúa qué salió bien y qué salió mal. Si no te hablan, te evaden o algo similar, pide retroalimentación y luego olvídate temporalmente de esa empresa. Sigue buscando como si no tuvieras opciones «abiertas».

Cualquiera que sea tu situación, te recomiendo ser insistente (siempre de una manera cortés), usando tu iniciativa y creatividad (puedes hacerte amigo de algún empleado actual o conseguir el teléfono de alguien dentro de la empresa) hasta averiguar qué pasó o por qué no te han llamado. Recuerda que tu productividad puede verse afectada por creer que una empresa está interesada en ti. Mientras no tengas una propuesta sobre la mesa, imagina que has sido descartado.

LAS PRESTACIONES: ¿QUÉ DEBES BUSCAR?

Existen muchas formas en las cuales puedes ser contratado(a). Puedes entrar directamente a la nómina de la empresa, puedes entrar a la nómina de la *outsourcing*, en estos casos una empresa externa te paga quincenalmente, o puedes entrar como colaborador o *freelance*, lo que significa que te pagarían por proyecto o en función del acuerdo al que llegues.

Lo importante que debes saber es que cada una de estas modalidades te ofrece diferentes prestaciones. Por ejemplo, como *freelance* no recibes prestaciones de ningún tipo. Por lo tanto, si eres una persona que busca estabilidad, quizás esta no sea tu mejor opción. Hay empleos que tienen horarios laborales muy rígidos y pocas vacaciones; si tienes hijos o cuidas a tus papás, probablemente esto no sea para ti. Ten muy claras cuáles son tus necesidades.

Aquí te presentamos las principales prestaciones que debes buscar:

- Bonos por desempeño.

- Comisiones altas (en caso de que tengan).

- Aguinaldo de 30 días.

- Acciones u opciones.

- Seguros de vida y gastos médicos.

Por supuesto existen leyes que estipulan esto, sin embargo, lo ideal no es pensar en un sueldo, o en si te van a dar coche, un celular o una computadora, sino analizar la empresa, conocer su potencial y, sobre todo, ¡buscar algo que te apasione!

LOS DESPIDOS: ¿CÓMO SALIR BIEN?

Aquí te dejo una verdad absoluta: muchos de nosotros seremos despedidos varias veces. Por eso es importante que conozcas cuál es la mejor forma de desvincularte.

La mejor manera de salir de una empresa es hablando claro y sin fricciones con tu jefe o jefa, y, en la medida de lo posible, dejar la puerta abierta para el futuro. Recuerda que si la empresa es estable económicamente, puedes solicitar una liquidación de acuerdo con la ley.

Si saliste mal de una empresa, por la razón que haya sido, te recomiendo investigar qué es lo que están diciendo de ti. Puedes pedir a alguien cercano que haga una llamada haciéndose pasar por un reclutador (consejo de expertos), y decirle que pregunte por ti. Si la respuesta que le dan es mala, tendrás que buscar alguna persona que te pueda dar una buena recomendación para tu solicitud; de lo contrario, tendrás que omitir ese empleo de tu currículum.

El significado de la vida es encontrar tu talento.
El propósito de la vida es compartirlo.

Pablo Picasso

Ayuda en tiempos de sufrimiento

Javier es especialista en *marketing* y publicidad. Es de esos hombres que cambian mucho de trabajo, pues siempre está en búsqueda de nuevos retos. Sin embargo, esta vez no fue él quien decidió irse, sino que su jefe en una gran inmobiliaria le dijo que, como nadie estaba comprando departamentos, ya no podían mantener al equipo de *marketing* y publicidad. Esto lo tomó por sorpresa y estaba furioso, pues siempre había sido él quien elegía cuándo irse.

Entre más horas pasaban, más se enojaba y más se preocupaba. Se quedó profundamente dormido lleno de ansiedad. Soñó que se encontraba en un pueblo lleno de gente. Un niño que no conocía estaba muy enfermo y Javier decidía ir a buscar el medicamento para curarlo.

Solo vendían la medicina en una tienda lejana que estaba a muchos días de distancia y, para llegar a ella, era necesario atravesar un desierto. La gente del pueblo le decía que la poción era muy cara, lo que generó en Javier una enorme preocupación, pues ahora sin empleo no tendría cómo pagarla. Aun sin dinero y sin pedir prestado, decidió emprender el viaje.

Sabía que tenía poco tiempo, pues el niño requería urgentemente el antídoto; de lo contrario, podría morir. Se detuvo a mirar el interminable desierto que se presentaba frente a él y comenzó a caminar sin detenerse. La arena era cada vez más gruesa y estaba caliente.

Se hizo de noche y después de día, una y otra vez. Y en el transcurso, Javier no podía hacer otra cosa más que seguir caminando.

Su soledad y sus pensamientos lo llevaron a ver el cielo y las estrellas y a concebir sentimientos como: dolor, culpa, tristeza, furia, confusión, miedo y frustración.

Pasaron tres días más, sus pies estaban llagados por el ardiente paso y el dolor que sentía en sus plantas era terrible. Se le había acabado el agua y el calor era seco e intenso. Caminó, caminó y caminó.

EL CAMINO PARECE SER MUY LARGO,
COMO UN ENORME DESIERTO ARDIENDO
A LA MITAD DE NUESTRAS VIDAS. PERO
SI SIGUES CAMINANDO, LLEGARÁS AL
LUGAR QUE BUSCAS. AUNQUE LO CREAS, NO
ESTÁS SOLO. ACÉRCATE A TUS PERSONAS
CERCANAS Y BUSCA COMPAÑÍA.

EL DESEMPLEO COMO DUELO

El desempleo duele porque se experimenta el dolor de una pérdida. Por lo tanto, debes vivir el desempleo como un duelo.*

Desempleo + Dolor + Pérdida = DUELO

Hablar de duelo es siempre hablar de pérdida. En el caso del desempleo, la sensación de pérdida aparece porque sientes que no solo pierdes tu trabajo, sino también todas las cosas valiosas que te permitía hacer y tener. Junto al desencanto de ver cómo todas estas cosas se te van de las manos, surge un sentimiento de frustración porque el desempleo implica que tu estilo de vida no volverá a ser como antes. Sentirás que todos los planes que habías hecho desde que conseguiste ese puesto hasta ahora se ven amenazados. Te das cuenta de que esto cambia tu vida por completo y te exige adaptarte a las nuevas circunstancias.

Las estaciones del duelo [3]

5 Desolación

4 Culpa

7 Aceptación

6 Fecundidad

3 Furia

1 Incredulidad

2 Regresión

DUELO del desempleo

_____

3   Elaborado con información de Roxana Aguilar Camacho, especialista en pérdidas y duelos.

Digerir un duelo es como sortear las distintas estaciones del año. Y, como todas las experiencias de tu vida, tienen una cierta duración, es decir, el desempleo tiene una fecha de caducidad. Acuérdate de que en la crisis del desempleo habrá cosas para las que no estarás preparado(a).

En las estaciones del duelo, superar una etapa implica pasar a la siguiente. ¡Eso significa que la incomodidad por no tener trabajo terminará cuando menos te lo imagines!

Primera estación: Incredulidad

El duelo comienza cuando nos informan que la empresa ha decidido prescindir de nuestros servicios. Aquí comienza la estación de la incredulidad. Independientemente de la forma en la que se haya llevado a cabo, se experimenta una especie de *shock* emocional, y por más clara, directa o considerada que haya sido la manera de proporcionarte el mensaje, es lógico sentirse indignado(a).

Durante el período de incredulidad es frecuente que cuando alguien te pregunta cómo te sientes al respecto, respondas con frases como estas:

- «No entiendo, ¿por qué a mí?».

- «Estoy bien, no pasa nada».

- «Tengo la esperanza de que me muevan a otro puesto».

- «No soy ni el primero ni el último que ha perdido su empleo, esto pasa todos los días».

- «Ni modo».

- «No es tan grave, ya encontraré otro trabajo».

- «Seguramente es un error y todo se arreglará».

La incredulidad nos permite alejarnos momentáneamente de la situación para darnos la oportunidad de asimilar todo poco a poco.

Durante esta estación es habitual que te sientas paralizado(a), confundido(a) y en negación. Sin embargo, debes ser consciente de que te conviene que esta etapa dure poco tiempo. Cuanto más te aferres a la incredulidad, te desgastarás y perderás la oportunidad de pasar a la siguiente estación.

Segunda estación: Regresión

Esta estación comienza cuando te has desgastado tanto que terminas por aceptar que no fue un error, que no te van a mover a otro puesto, que tú estás viviendo esa situación y que te está afectando. En este momento aparecen reacciones como el llanto y la desesperación.

En esta etapa lloras, avientas cosas y estás tan frustrado(a) que te da insomnio, sufres tics nerviosos o escalofríos, o sientes que se te van las fuerzas. De un día al otro puedes asumir conductas irracionales, como fumar o beber en exceso. Y las cosas empeoran si te niegas a comer o comienzas a comer de más, porque tu cuerpo desarrollará gastritis o colitis nerviosa, congestión estomacal u obesidad.

Tercera estación: Furia

Esta estación es la forma en la que amortiguamos la incertidumbre de lo que pasará con nosotros en el futuro a través del enojo. La furia existe porque en el fondo escondes tristeza.

En esta etapa empiezas a acusarte de tu mala suerte y te responsabilizas por tu falta de empleo. También discutes y peleas con las personas que están a tu alrededor por cosas pequeñas e insignificantes. No te interesa que nadie te ayude.

Es importante que te des cuenta de que tienes derecho de enojarte, pero no se vale lastimar a otros. Es tiempo de reivindicarte, voltear a tu alrededor y aceptar que nadie tiene la obligación de aguantar tus malos tratos. Cuando lastimamos a otros, también nos lastimamos a nosotros mismos.

Cuarta estación: Culpa*

Esta estación es una versión modificada de la anterior. En este caso, toda la furia que antes habías dirigido hacia los demás, la diriges ahora hacia ti. Surge una sensación de arrepentimiento por no haber hecho lo suficiente para evitar que te despidieran.

El peligro de esta estación es que cuando te sientes culpable, tu autoestima empieza a fracturarse. En este momento te puedes sentir inseguro(a), y puedes empezar a compararte con los demás. Al mismo tiempo que te devalúas, también te compadeces de ti mismo(a) y terminas dentro de un círculo vicioso.

Quinta estación: Desolación

Esta es la etapa más temida, porque es el clímax de toda la etapa del duelo. Es el momento de la verdadera tristeza, justo ahora «te cae el veinte» de que no hay nada que hacer para recuperar el empleo perdido.

Tal vez hasta esta etapa te veas y aceptes tu desempleo. Aquí experimentas una profunda tristeza por haber perdido tu lugar de confort. Volteas a tu alrededor y observas con asombro que tu vida ha cambiado, y que tienes que adaptarte. Este momento desolador corre el riesgo de volverse depresivo.

Sexta estación: Fecundidad

En esta estación del duelo volteamos por fin hacia nosotros mismos para darnos cuenta de quiénes somos y qué estamos haciendo con la vida. Nos preguntamos qué haremos a partir de ahora.

La fecundidad es la estación en la que se recupera la credibilidad en uno mismo y surge la creatividad. En esta etapa estás dispuesto(a) a sacarle provecho a la vida, y a llevar a cabo los proyectos que se te ocurran.

En este momento debes ocuparte de las áreas de tu vida que habías descuidado. Es tu oportunidad para compartir momentos contigo mismo(a), con tu pareja, con tus hijos o con tus amigos. Es el espacio que tienes para saldar todos tus pendientes, como ir al doctor, terminar de leer el último libro que compraste, titularte o estudiar otra carrera, aprender otro idioma, plantar un árbol y hacer ejercicio.

Séptima estación: Aceptación

Última parada. A partir de esta estación debes hacerte dueño de ti mismo(a). Ahora te permites voltear hacia atrás y te agradeces a ti mismo por haberte reinventado. Quedarte sin empleo sucedió por algo, y ahora puedes disfrutar las ganancias del cambio.

Una vez que vives en carne propia todo este proceso, te percatas de que tu trabajo debe estar en perfecto equilibrio con tu vida personal, que no vale la pena aplazar o sacrificar cosas que realmente valoras excusándote en el trabajo. Descubrirás que no debes esperar hasta que te jubiles para hacer lo que realmente quieres hacer con tu trabajo y con tu vida.

UNAS COSAS MÁS...

Acuérdate de que las crisis siempre traen cambios positivos a nuestra vida, y que la tuya no será la excepción. Aquí algunas recomendaciones importantes:

- Tómate el tiempo necesario para disfrutar y asimilar cada una de las estaciones.

- El orden en que aparezcan las estaciones puede ser distinto.

- Incluso te puedes sorprender saltando de la estación dos a la cuatro o de la cinco a la tres.

- Solo hay dos estaciones fijas en tu duelo: este comenzará con la estación de la incredulidad y terminará con la de la aceptación.

- Existe la posibilidad de que consigas un empleo antes de vivir todas las estaciones de tu duelo.

- Si consigues un empleo nuevo antes de terminar tu proceso de duelo, termina el proceso.

- Tengas empleo o no, ten presente todos los días tus motivos para vivir.

- Narra la experiencia de tu desempleo en una bitácora o en un diario. Tu testimonio puede ayudar a otros.

- Respira profundo durante unos minutos, eso te ayudará a concentrarte y a relajarte.

Apunta hacia la luna. Incluso si fallas,
aterrizarás entre las estrellas.

Les Brown

EL CAMINO Y LA SALIDA

Otra vez, la historia de Andrés

Antes de despertar, otra vez, para mirarse en el espejo, Andrés soñó que estaba en el patio de su casa trabajando en sus muebles. Estaba armando unas sillas. Mientras clavaba la madera, se preguntó para qué fabricaba tantas sillas si no tenía a quién vendérselas. Aun sin clientes, continuó trabajando.

Cuando terminó de armar la silla, salió a la calle a caminar para despejarse un poco. Cerca de su casa se escuchaba mucha gente, así que se acercó. Era una escuela para niños que, aunque estaba muy cerca de su casa, nunca había visto antes.

Andrés camino hacia la escuela. Cuando llegó a la reja amarilla de la escuela, se asomó y miró a un maestro dar clase a sus pequeños y atentos alumnos, que estaban sentados en el piso.

Andrés empezó a observar sus rostros. Eran muchos niños de familias muy pobres. La mayoría tenía la ropa muy sucia por estar en el suelo.

Andrés se despertó, pero no supo cómo interpretar su sueño.

Recordaba perfectamente el sueño, pues lo había tenido en repetidas ocasiones: las sillas, la reja, la escuela, el maestro, los niños. Al hacer un recuento muy detallado, descubrió algo muy curioso. ¡El lugar en el que sucedía el sueño era completamente real! A diferencia de otros sueños que había tenido en su vida, en este la casa era exactamente igual a la suya. Las sillas eran como las que él había fabricado unos meses atrás. El patio era idéntico al suyo. Y la calle era igual.

Sin pensarlo más, salió de la casa. Recordó el rumbo que había seguido en su sueño, se dirigió hacia donde estaba la escuela, la que él no conocía… ¡En efecto! ¡Ahí había una reja amarilla y una escuela! Andrés llevaba años viviendo en ese barrio y nunca había visto esa escuela. Probablemente por su horario, pues cuando él pasaba por ahí, la escuela estaba cerrada.

Una intuición lo invadía por completo. Estaba seguro de que su sueño quería decirle algo. Así que ahí se quedó, con las manos detenidas a la reja amarilla. Mientras veía a los niños con ropa sucia sentados en el piso y al maestro, se daba cuenta de que todo le parecía muy familiar, como si fuera un *déjà vu*.

Empezó a dudar de si seguía dormido o ya estaba despierto, pues parecía que Andrés estaba viviendo su sueño ¡Todo era igual!

En ese instante, Andrés pensó en las sillas que había fabricado hacía tiempo. Empezó a contar a los niños y no daba crédito a lo que pasaba. Había la misma cantidad de niños sentados en el suelo que sillas nuevas en su casa, ¡16!

—¿Te puedo ayudar en algo? —le preguntó el maestro a Andrés mientras se acercaba cada vez más. Lo vio directamente a los ojos y agregó—: Tu cara me es familiar, ¿te conozco?

—Creo haberlo visto en un sueño —contestó Andrés con miedo, pues sabía lo ridículo que podía sonar eso.

—Eres Andrés, el carpintero, ¿verdad? Soy Eduardo. —Andrés se quedó atónito, Eduardo le abrió la reja amarilla y le dijo—: Pasa, Andrés, te dejaré abierta la reja para que metas las sillas.

Sin decir adiós, Andrés regresó a su casa por las sillas. No podía creer lo que estaba sucediendo. Nunca había cargado muebles tan de prisa. Le tomó ocho vueltas llevarlas todas. Y, cuando terminó de meterlas, el maestro detuvo su clase para decirles a los niños: «¿Ven esas sillas? Por favor, que cada quien tome una». Los niños se emocionaron y se las ingeniaron para cargar cada uno su silla.

Andrés se esperó una hora más hasta que el maestro terminó la clase.

—¿Cuánto te debo por las sillas? —preguntó Eduardo.

—Nada —respondió Andrés.

—Muchas gracias —dijo Eduardo sonriendo, y le dio su tarjeta de presentación—. Búscame mañana.

Al día siguiente, Andrés le llamó a Eduardo, y quedaron de verse en la tarde en la escuela. Ya en la cita, Eduardo le contó a Andrés que impartía clases a niños de bajos recursos para ayudarlos y para sentirse bien consigo mismo. Le dijo que desde hacía diez años donaba su tiempo todos los jueves, viernes y sábados para ayudarlos, educarlos y motivarlos.

Después le dijo que reconocía su cara porque había soñado varias veces con él, pero que, curiosamente, el sueño siempre terminaba cuando él le preguntaba el precio de las sillas.

Al final de una larga plática, Andrés le contó todo acerca de su desempleo, y Eduardo le preguntó si estaría interesado en dar clases de carpintería a los niños. Andrés asintió, pues no tenía trabajo y contaba con el tiempo suficiente parta enseñar justo lo que a él más le gustaba en la vida.

Un día en la escuela, mientras Andrés guardaba todas sus herramientas para irse a descansar, Juan, uno de los niños, le dijo: «Andrés, mi papá dice que están muy bonitos los muebles que nos ayudaste a hacer y me dijo que quiere conocerte».

Al día siguiente, el padre de Juan se presentó en la escuela para conocer a Andrés. Platicaron unos minutos y el papá del niño insistió en invitarlo a comer a su casa. Andrés no pudo negarse. En la comida, conoció a la mamá de Juan, quien preparó un pollo delicioso que todos disfrutaron.

En la sobremesa, la mamá de Juan, Silvia, le agradeció a Andrés por todo lo que le había enseñado a su hijo. Y después le dijo que el dueño de la oficina en la que trabajaba estaba buscando unos muebles.

Silvia puso a Andrés en contacto con el señor Torres, quien amablemente entrevistó a Andrés esa semana.

Andrés se presentó muy puntual. Y, después de platicar con él, el señor Torres quedó sorprendido por su personalidad y le pidió que le cotizara veinte puertas, veinte escritorios y veinte cajoneras para las nuevas oficinas de su empresa. El señor Torres aprobó la cotización y le dio a Andrés un anticipo para materiales.

Después de esto, Andrés empezó a comprender lo valioso que era relacionarse, la importancia de hacer una red de contactos y lo significativo de hacer algo, de mantenerse activo, aunque estuviera desempleado.

Pasado un mes, el señor Torres buscó a Andrés para decirle que uno de sus amigos estaba interesado en sus muebles. Esta vez el trabajo era fabricar más de 35 puertas, tres libreros, 12 sillas y una mesa para una casa. También le pidieron que pusiera el piso, que sería de madera.

Después de un tiempo, llegó otro cliente y luego otro más. Andrés nunca había tenido tanto trabajo.

Un año después, en la escuela aparecieron una mujer y un hombre. Eran ellos quienes ayudaban a Eduardo económicamente para mantener la escuela abierta. Vieron tantos muebles nuevos que le preguntaron a Eduardo de dónde habían salido. El maestro les contó todo acerca de Andrés, y ellos dijeron que, precisamente, estaban buscando un carpintero.

Andrés los buscó y después fue a sus oficinas. Rebeca Alcázar, la mujer que estaba en la escuela, trabajaba en una reconocida universidad, y le pidió que le cotizara 3 000 sillas, 3 000 escritorios, 650 puertas y 400 archiveros que iban a necesitar para las cuatro nuevas universidades que estaban construyendo.

Hoy, Andrés y Eduardo son dueños de una pequeña mueblería llamada **DOSUEÑOS,** y dan empleo a más de doscientas personas, entre ellas, 16 niños carpinteros.

> SIEMPRE SIGUE LOS PRESENTIMIENTOS
> E INSTINTOS DE TU CORAZÓN Y
> BUSCA GANARTE LA VIDA HACIENDO
> LO QUE MÁS TE GUSTA.

Al igual que Andrés, vivirás una historia de éxito y te darás cuenta de que las cosas suceden por algo y siempre para bien. Comprenderás que el desempleo es una gran oportunidad de buscar un cambio y algo nuevo en tu vida. Encuentra tus objetivos, sigue tus deseos y busca ayudar y ser feliz, haciendo lo que más te motiva y satisface; si lo haces, nunca tendrás que trabajar ningún día de tu vida.

Ánimo y mucha suerte,

Jorge Muniain G.

DICCIONARIO DE DESEMPLEO

Beneficios: Valores, alegrías, novedades, emociones, satisfacciones, recompensas y sorpresas generadas por el desempleo, pero solo si se buscan todos los días y con mucho esfuerzo.

Comprometerse a hacer: Pacto contigo mismo(a) por el que se logra cualquier objetivo.

Confort: Lugar cómodo para buscar empleo cuatro horas diarias.

Crisis: En griego *crisis* significa «oportunidad».

Culpa: Nadie la tiene, solo tú si no te pones a buscar empleo.

Deprimido: Estás deprimido por no buscar empleo, no por no tenerlo.

Desempleo: Período fundamental para tu forma de ser y tu futuro.

Duelo: Fase de desempleo que tendrás que superar poco a poco.

Empresas AAA: Empresas de renombre con un buen historial crediticio.

Liquidación: Dinero para invertir en un negocio nuevo, no para sortear tu período de desempleo.

Miedo: Síntoma de incertidumbre provocado por la falta de esfuerzo en la búsqueda de empleo.

Pasión: Ingrediente fundamental para encontrar empleo. Fija tus objetivos, búscalos con pasión y no habrá manera de que no los alcances.

Proactivo: Buscar activamente soluciones, no esperar a que las cosas pasen. ¡Haz que sucedan!

Red de contactos: Lo más eficaz.

Tiempo: Es lo más valioso que tienes en tu desempleo. No lo desperdicies, cada minuto cuenta para siempre.